AF192026

Hamstraus hallintaan

Katariina Ponteva

Hamstraus hallintaan

© 2018 Ponteva, Katariina
Kustantaja: BoD – Books on Demand, Helsinki,
Suomi
Valmistaja: BoD – Books on Demand, Norderstedt,
Saksa
ISBN: 978-952-80-0557-5

SISÄLLYS

Aluksi

Pakonomainen keräily (*Compulsive Hoarding*) tarkoittaa pakottavaa tarvetta kerätä erilaisia turhia tai tarpeettomia tavaroita ja kyvyttömyyttä heittää niitä pois. Monet pakkokeräilijät suhtautuvat keräämiinsä tavaroihin erittäin tunnepitoisesti ja omistavasti.

Keräilypakko altistaa monille ongelmille ja vaaroille. Epähygieeniset olosuhteet ja huoneiden ahtaus lisäävät sairastumisen, onnettomuuksien ja tulipalojen riskiä. Hoardaajan on vaikea pitää kotinsa järjestyksessä ja selvitä arjesta. Usein seurauksena on sosiaalinen eristäytyminen ja suhteiden katkeaminen kumppaniin, lapsiin, sukulaisiin ja ystäviin.

Pakonomaiset keräilijät eivät yleensä pidä itseään sairaina. Se tekee heidän auttamisestaan vaikeaa. Jos he kuitenkin oivaltavat ongelmansa, he voivat hyötyä asiantuntevasta hoidosta. Sen avulla heidän ja heidän läheistensä elämänlaatu voi kohentua merkittävästi.

Suoritin ammattijärjestäjän tutkinnon vuonna 2015. Kurssilla käsiteltiin myös sairaalloista hamstrausta. Kiinnostuin silloin asiasta. Amerikkalaisessa väestössä heitä kerrotaan olevan 3-5 %. Vielä kovin vähäisten tutkimusten mukaan heitä olisi vain noin 1-2 % aikuisväestöstä. Tosin taudista kärsii huomattavasti useampi, koska sen välilliset vaikutukset mm. perheeseen ovat valtavat.

Pitkään Hollannissa asunut ammattijärjestäjien kouluttaja Anne te Velde-Luoma arvioi, että hoardaajia voi olla Suomessa vielä enemmän kuin 5 %. Täällä ei ole sellaista kulttuuria, että mennään yllättäen jonkun kotiin. Suomalaisten taudista kärsivien on siksi helppo hautautua yksin kotiin tavaroidensa kanssa.

Asia on noussut Suomessakin esille mm. amerikkalaisten TV-sarjojen (esim. Himohamstraajat) välityksellä. Ohjelmat kertovat hamstraamisesta kovin sensaatiohakuisesti. Ohjelmassa näytetään todella vaikeita tapauksia, koska halutaan herättää ihmisiä. Se on sekä hyvä että paha asia. Joissakin tapauksissa pakonomainen keräilijä on tullut siihen tulokseen nähtyään ohjelman, ettei hänellä ole ongelmaa. Hänellä tilanne on niin paljon paremmin hallinnassa. Hänen kotinsa ei ole lainkaan samanlaisessa kaaoksessa kuin TV-ohjelmassa esitetyn sairaalloisen hamstraajan koti. Ohjelmissa herätetään myös epärealistisia toiveita "ihmeparantumisesta", ja niissä vähätellään terapian merkitystä.

Erilaisissa viestimissä isännöitsijät ovat kertoneet asuntojen siivottomuudesta. Ilta Sanomissa kerrottiin 28.6.2017 mm. näin:

Vuosina 2007–2009 Suomessa tehtiin keskimäärin 7,6 asuntojen siivottomuutta koskevaa valitusta 100 000 asukasta kohden, Valviran raportti kertoo.

Varatoimitusjohtaja Essi Liljemark Helsingin Seudun Isän-
nöitsijät Oy:sta arvioi, että valitusten määrä on ainakin heil-
lä pysynyt samoissa lukemissa kuin raportin laatimisen ai-
kaan.

Vaikka ongelmia olisikin, suomalaiset ovat Liljemarkin
mukaan varovaisia puuttumaan toisten ongelmiin.

– Tämä on eräänlainen tabu. Henkilökohtaista elämänpiiriä
kohdellaan pyhänä asiana.

Tilanteiden rajuus huomataan usein vasta esimerkiksi hen-
kilön menehtymisen jälkeen, tai kun omaiset joutuvat puut-
tumaan asiaan.

Omalta uraltaan Liljemark muistaa muutaman tapauksen,
joita on jouduttu selvittämään taloyhtiön puolesta. Lilje-
mark kuvailee tapauksia mieleenpainuviksi. Tavaraa on
ollut lattiasta kattoon, ja asuntoon on jätetty vain pienet
kulkuväylät.

– Se näky ei hevillä unohdu.

Valviran raportissa (19.2.2016) sanotaan, että

Kuntien terveydensuojeluviranomaisille tulleet asuntojen
siivottomuuteen liittyvät valitukset ovat lisääntyneet viime
vuosina. Siivottomuusongelmien luonteesta johtuen ter-
veydensuojeluviranomaisten käsittely poikkeaa muista
asumisterveyteen liittyvistä toimenpidepyynnöistä.

Siivottomuuden taustalla on lähes aina asukkaan sairaudet, kuten esimerkiksi dementia ja henkilökohtaiset ongelmat tai syrjäytyneisyys, alkoholismi, huumeiden käyttö, mielenterveyden häiriöt sekä niiden yhdistelmät. Usein siivottomuuden keskellä elävä asukas ei koe siivottomuutta lainkaan ongelmana.

Tyypillinen siivoton asuinhuoneisto, joista tulee valituksia terveydensuojeluviranomaiselle, on asunto-osakeyhtiön kerrostalossa sijaitseva asunto, jonka huoneistonhaltijana on yksinasuva osakkeenomistaja tai vuokralainen. Valituksia tulee jonkin verran myös rivitaloista sekä omakotitaloista, joissa siivottomuus käytännössä aiheuttaa terveyshaittaa pelkästään huoneiston asukkaalle.

Suomessa ei ole tehty tutkimuksia siivottomuuden aiheuttamista terveyshaitoista.

Ongelma ei ole mitätön. Se koskee monia ihmisiä. Sen takia asialle on tehtävä Suomessakin nopeasti jotain. Siksi minäkin haluan kantaa korteni tähän kekoon.

Sairaalloisesta hamstrauksesta ei ole vielä kirjoitettu suomeksi kunnon kirjaa. Keräilypakko - Aarteidensa vankina - kirja on amerikkalainen lähinnä auttajien apuvälineeksi tehty teos. Se on tällä hetkellä ainoa aihetta käsittelevä kirja, joka on käännetty suomeksi. Siksi minusta oli todella tärkeää, että mahdollisimman pian tarjolla olisi myös Suomen tilanteesta ja suomalaisille sopivaan tyyliin kirjoitettu perusteos. Sen avulla hoardaaja voisi auttaa itse itseään pääsemään alkuun paranemisprosessissaan. Se on nyt kädessäsi.

4

Tästä kirjasta löydät tietoa keräilypakosta ja sen hoidosta. Viittaan tekstissä joihinkin lähteisiin. Olen koonnut jokaisen luvun loppuun kyseisessä luvussa käyttämäni lähteet. Löydät koko lähdeluettelon kirjan lopusta.

Voit myös lukea, miten sairaus on vaikuttanut joidenkin ihmisten elämään ja miten jotkut ovat päässeet siitä eroon. Toivottavasti voit myös kirjan tietojen avulla löytää itsellesi tai läheisellesi parhaan keinon parantua taudista.

Haastattelin kirjaa varten pakkokeräilystä kärsiviä ihmisiä. Halusin tiedon välittämisen lisäksi saada ihmisen äänen kuuluviin. Hoardaajia oli kuitenkin erittäin vaikea löytää ja saada heidät avautumaan. Se oli kuitenkin tärkeää, koska siitä voi olla apua jonkun toisen potilaan parantumisprosessissa. Suuret kiitokset kaikille, joita sain haastatella.

Erityiskiitokset Lauralle tietoteknisestä avusta ja tekstin kommentoinnista. Olet aarre!

Helsingissä 12.12.2018

5

Mitä hamstraus on?

Melkein kaikki ovat keränneet jossain elämänvaiheessaan jotain. Keräileminen voi alkaa jo ihan pienenä. Kun olin lapsi, pikkutytöt keräsivät kiiltokuvia ja pojat pikkuautoja. Teini-iässä oli tavallista kerätä jonkun pop-idolin kuvia. Muistan, kuinka pikkuhiljaa meidän harrastelijoiden joukosta alkoi erottua todellisia keräilijöitä. Erityisen hyvin mieleeni on jäänyt luokkatoverini – vakava nuori mies – joka alkoi kerätä postimerkkejä. Niistä tuli hänen koko elämänsä.

Keräilijäksi kutsutaan ihmistä, jolla on kokoelma. Kokoelmassa kerätyt asiat on irrotettu niiden tyypillisestä käytöstään, ja ne järjestetty jollakin tietyllä tavalla. Yleisesti ajatellaan, että on hienoa olla keräilijä. Esimerkiksi taidekeräilijöitä arvostetaan valtavasti. Keräilijät haluavat yleensä ylpeinä esitellä hyvin organisoituja kokoelmiaan.

Kaikki eivät kuitenkaan pysty hallitsemaan keräilyään. Se voi muuttua epänormaaliksi ja haitata "keräilijän" ja hänen läheistensä elämää. Keräilystä tulee hamstraamista, kun keräiltävät asiat eivät ole järjellisiä tai niiden määrä ei ole mielekäs. Hamstraajalle hetkellisistä haluista ja tarpeista on tullut pysyvä osa hänen elämäänsä.

Kyse on pakkokeräilystä, jos henkilö säästää suuria määriä sellaisia asioita, jotka muista ovat roskia. Sairaudeksi se on muuttunut myös silloin, jos hänen asunnossa on paikkoja, joita ei voi käyttää niiden omaan tarkoitukseensa. Kylpyhuone saattaa olla niin täynnä tavaraa, ettei siellä voi peseytyä. Jos sohvalla ei mahdu tavarapaljouden takia istumaan, sängyssä nukkumaan tai keittiössä laittamaan ruokaa, kyse on pakkokeräilystä. Kaaos voi aiheuttaa sairautta, ahdistusta, riitoja ja eristäytymistä. Kansainvälisessä luokittelussa pakonomainen keräily luokitellaan pakko-oireiseksi häiriöksi.

Hamstraaminen on maailmanlaajuinen ilmiö. Se ei ole vain länsimaiden "etuoikeus". Sitä esiintyy niin Euroopassa, Amerikassa, Venäjällä kuin Japanissa.

Piirteitä ja oireita

Hamstraajilla on yhteisiä piirteitä, mutta heidän käytöksensä voi poiketa toisistaan myös todella paljon. Kaikki ovat yksilöitä. Ulkopäin ei voi päätellä, kuka on hamstraaja.

Monet hamstraajat ovat hyvin älykkäitä. He ovat perfektionisteja, joitten on vaikea tehdä päätöksiä. He kantavat syyllisyyttä ja häpeää hamstraamisestaan ja katuvat sitä. Silti he eivät pysty lopettamaan sitä. Monet heistä ovat epävarmoja ja jännittyneitä. Usein he myös pelkäävät muutoksia.

Hamstraajan koti, auto, työhuone tai varasto voi olla niin täynnä kaikkea, että tilassa on hankala liikkua. Heidän on vaikea järjestää hamstraamansa tavarat. Hamstraajalta voi hävitä tavarapaljouteen tärkeitä asioita kuten rahaa tai laskuja. Pakkokeräilijän on yleensä mahdotonta kieltäytyä mistään ilmaisesta. Hän ottaa mielellään vastaan kaikki mainokset ja saattaa esimerkiksi poimia kahviloiden pöydistä pienet sokeripussit ja säästää ne.

Monella hamstraaminen on alkanut jonkun trauman (väkivalta, seksuaalinen hyväksikäyttö, raiskaus tai keskenmeno) tai menetyksen (kuolema) jälkeen. Harvalla heistä on kuitenkaan post-traumaattista stressiä. Useat hamstraajat kärsivät emotionaalisuuden puutteesta. Heillä ei ole ollut läheistä suhdetta perheeseensä, eivätkä he koe perheen tukeneen heitä.

Jotkut pakkokeräilijät kärsivät pakko-oireisesta häiriöstä (*Obsessive-Compulsive Disorder OCD*). Se on äärimmäinen stressireaktio ja psykiatrinen ahdistuneisuushäiriö, johon liittyy pakonomaisia ajatusmalleja tai toimintoja. Pakkorituaalit voivat olla konkreettisia tai pään sisäisiä. Niitä ovat esimerkiksi pesemiset, koskettelut, rukoukset tai naputtelut. Pakkomielteet ovat toistuvia, kielteisiä ajatuksia, kuvia tai mielijohteita, joista seuraa paha olo (ahdistus, pelko, inho tai häpeä). Sitä lievittävät pakkotoiminnot (toistuvat ajatukset, mielikuvat tai teot). Niitä seuraa helpotus, koska paha olo on lievittynyt tilapäisesti.

Erilaisista omista koskettelutarpeista huolimatta hamstraajat eivät yleensä pidä fyysisestä kontaktista. Monet ovat lapsena pelänneet aikuisia. Monilla on myös paino-ongelmia sekä masennusta, ja heillä voi olla itsemurhaajatuksia. Heidän voi olla vaikea pitää aikatauluista kiinni ja olla ajoissa paikalla.

Muotoja

Hamstraamisen perusmuoto on liiallinen kiinnostus hankkia tavaraa ja vaikeus päästä siitä eroon. Se voi ilmetä esimerkiksi pakonomaisena ostamisena. Kleptomania esiintyy kuitenkin hamstraajilla vähän. Monet heistä ostavat tavaroita, koska ne ovat ns. niin hyviä löytöjä. Monelle hamstraajalle tavara itsessään ei ole merkityksellistä, vaan se, mitä ne symbolisoivat.

Kohtasin työssäni myymälävastaavana liikkeessä asiakkaina naisia, jotka "keräsivät" laukkuja. He ostivat uuden merkkilaukun aina, kun heillä oli siihen mahdollisuus. Monella heistä oli niin paljon rahaa, että se oli melkein jokaviikkoinen tapahtuma. Osa heistä ei kuitenkaan halunnut heti ostoksensa jälkeen ottaa sitä mukaansa. He pyysivät, että he saisivat jättää laukun joksikin aikaa liikkeeseen. He noutaisivat sen sitten myöhemmin. He kertoivat, että he eivät halunneet viedä ostostaan kotiin miestensä takia. He eivät halunneet kuulla miesten huomauttavan uudesta tarpeettomasta laukusta.

Patologinen pelaaminen, rahan tuhlaaminen hyväntekeväisyyteen tai eläinten liiallinen hankkiminen on myös hamstraamista. Hamstraajalla voi olla missio pelastaa eläimiä, vaikka hän ei pysty takaamaan niille kunnon elinolosuhteita. Ikävimpiä muotoja on likaisten ja pilaantuneiden asioiden kerääminen. Ne ovat uhka terveydelle ja hyvinvoinnille, koska niiden seurauksena kotiin saattaa pesiytyä erilaisia hyönteisiä tai jopa jyrsijöitä.

Lapsilla hamstraaminen on erilaista kuin aikuisilla. Yleensä heidän pakkokeräilyllään on selkeä alku ja loppu. Ongelmat kytkeytyvät yleiseen pelkotilaan tai traumaattisiin tapahtumiin. Useiden hamstraavien lasten molemmat vanhemmat ovat hamstraajia. On toki myös sellaisia, joiden vanhemmat eivät hamstraa.

Syitä

Mikä sitten saa jotkut hamstraamaan?

Hamstraamisen tarkkaa syytä ei tiedetä. Se saattaa olla geneettisistä. Tutkimuksissa on havaittu, että hamstraajien kromosomi 14 on erilainen kuin muilla. Heidän aineenvaihduntansa on heikkoa, ja dopamiini- ja serotoniiniarvot ovat poikkeavat.

Hamstraamisella on yhtäläisyyksiä ADHD:n kanssa. Voi olla, että hamstraajat perivät erilaisen tavan käsitellä tietoa. He ovat erityisen herkkiä visuaalisille yksityiskohdille. Tavaroilla ja jokaisella yksityiskohdalla on heille erityinen merkitys ja arvo.

Hamstraajien aivot varastoivat ja käyttävät muistoja tavallisuudesta poikkeavasti. Heidän muistinsa eroaa normaalista. Yleensä muisti on kategorialinen. Muistamme, mihin kategoriaan ns. sijoitimme tavaran.

Hoardaajan muisti on visuaalinen ja spatiaalinen. Hän muistaa, missä näki tavaran viimeksi. Se tekee tavaran löytämisestä vaikeaa ja tehotonta. Sen seurauksena voi kehittyä ulkopuolisen mielestä kaoottisen näköisiä tavaravuoria.

Silloin, kun aivot normaalisti lepäävät, hamstraajilla ne ovat aktiiviset. Se tekee päättämisen ja organisoimisen vaikeaksi. He eivät kykene erottamaan tärkeitä ja vähemmän tärkeitä asioita toisistaan ja tekemään johtopäätöksiä. He eivät osaa priorisoida. He ajattelevat liian monimutkaisella tavalla.

12

Joistakin on tullut hamstraajia otollisen tilanteen takia. He saavat esim. vaatteita tai tavaroita työnsä takia ilmaiseksi.

Hamstraaminen ei yleensä liity ainoastaan tavaroihin, vaan niiden omistamiseen.

Vaikutuksia ja seurauksia

Hamstraavilla vanhemmilla on dramaattinen vaikutus lapsiinsa. Lapsen on vaikea puhua asiasta, koska hän ei ymmärrä mistä on kyse. Lapsi kokee, että asiat eivät ole kunnossa. Hän kuitenkin käyttäytyy niin kuin ne olisivat. Lapset ovat selviytyjiä: he löytävät selviytymiskeinonsa. Heistä tulee pakkokeräilevien vanhempiensa suojelijoita, jotka hylkäävät omat tarpeensa.

Luokanopettajan työssäni kuulin lasten kertovan moniongelmaisista vanhemmistaan kauniita asioita. He eivät yleensä koskaan sanoneet pahaa sanaa heistä, vaikka monella olisi ollut todella hyvä syy siihen. He eivät myöskään koskaan valehdelleet, he vain jättivät ikävät asiat kertomatta. Lapset ovat lähtökohtaisesti ylpeitä vanhemmistaan ja haluavat heidän parastaan.

Vanhenevat vanhemmat, jotka asuvat turvattomissa ja epäterveellisissä oloissa, ovat aikuisille lapsilleen haaste. Lapset kantavat heistä edelleen vastuuta. Lapset ovat tilanteesta turhautuneita ja vihaisia. He rakastavat vanhempiaan ja ovat huolissaan heistä. He eivät kuitenkaan tiedä, mitä he voisivat tehdä. Amerikassa on ryhmiä, joissa lapset voivat keskustella vanhempiensa ongelmasta (*Overcoming Hoarding Together OHT* ja *Children of Hoarders COH*).

Hamstraaminen aiheuttaa mm. yksinäisyyttä, eristäytyneisyyttä, taloudellisia ongelmia ja avioeroja. Hamstraajat avioituvat kuitenkin sosiaalisen fobiansa takia harvoin. Jos

14

hamstraaminen ei aiheuta rahaongelmia, avioliitto voi on-
nistua ja olla melko onnellinenkin.

Vuokrattavien varastojen käyttö on lisääntynyt USA:ssa 90
%:lla vuodesta 1995. Niitä on yli 11 miljoonaa. Talojen
koko on kasvanut USA:ssa 60 %:lla vuodesta 1970. Suo-
messa tilanne on todennäköisesti aivan samanlainen. Mo-
nilla on myös perittyjä mökkejä, jotka ovat täynnä tavaraa.
Vanhat vanhemmat eivät ole jaksaneet raivata niiden tava-
rapaljoutta, ja ne ovat siirtyneet sellaisinaan heidän lapsil-
leen. Nuoret ovat kiireisessä elämässään mahdottoman
tehtävän edessä, koska he taas eivät ehdi tyhjentää niitä.

Tässä luvussa käyttämäni lähteet:

Alasentie, Elina (2013) Askel edelle kiirettä ja kaaosta. omakustanne, Helsinki.

Huttunen, Matti (2015) Keräilypakko. Duodecim 131:1340-1344.

Frost, Randy ja Steketee, Gail (2010) Stuff. Compulsive Hoarding and the Meaning of Things. Houghton Mifflin Harcourt Publishing Company, New York.

Tolin, David; Meunier Suzanne.; Frost Randy; Steketee Gail (2010) Course of compulsive hoarding and its relationship to life events. Depress Anxiety 2010, Sep 27 (9): 829-38.

Tompkins, Michael (2011). Working with families of people who hoard: A harm reduction approach. Journal of Clinical Psychology, 67(5), 497-506.

Miksi joku hamstraa?

Miksi joillakin ihmisillä on pakonomainen tarve kerätä muiden mielestä outoja asioita mielettömät määrät? Miksi he hamstraavat, vaikka he eivät haluaisi toimia niin?

Hamstraajat ovat itse kuvanneet asiaa näin.

"Tavarat eivät ole niin hankalia kuin ihmiset. Ne tuovat turvaa."

Joillekin tavarat ovat yhtä tärkeitä kuin ihmiset - joillekin ne voivat olla jopa tärkeämpiä kuin aviopuoliso tai lapset.

Eräs pakonomaisesta ostamisen tarpeesta kärsivä nainen kertoi, että se auttaa masennukseen. Shoppailun tuoma euforia ei kestä kuitenkaan kuin hetkellisesti. Sen jälkeen hänellä on vielä huonompi olo.

Joillakin pakkokeräilijöillä on taas tarve hyödyntää kaikki käytöstä poistetut tavarat uudelleen. He haluavat keksiä kaikelle aina uutta käyttöä. He ovat omasta mielestään tuhlaavaisia ihmisiä, jos he heittävät jotain pois. He tekevät niin siitäkin huolimatta, että kukaan muu ei halua niitä. Muista ne ovat roskia.

Tässä luvussa käyttämäni lähteet:

Frost, Randy ja Steketee, Gail (2010) Stuff. Compulsive Hoarding and the Meaning of Things. Houghton Mifflin Harcourt Publishing Company, New York.

Kolberg, Judith (2009) What Every Professional Organizer Needs to Know About Hoarding. Squall Press, Decatur.

Miksi hamstrausta ei voi lopettaa?

Jos hamstraaminen aiheuttaa niin paljon ongelmia ja mielipahaa, miksei pakkokeräilijä yksinkertaisesti vain lopeta sitä?

Hamstraajat ovat itse verranneet asiaa huumeiden käyttöön. Sitä ei pysty lopettamaan, vaikka haluaisi. He saavat epätavallisen positiivisia tuntemuksia uuden tavaran hankkimisesta. Se tuottaa heille ainakin hetkellisesti iloa ja helpotusta.

Tavaroista luopuminen on pelottavaa. Se aiheuttaa voimakkaita negatiivisia kokemuksia kuten pelkoa, syyllisyyttä tai vihaa. Tavaroista on tullut osa persoonallisuutta. Ne määrittävät identiteettiä. Jos luopuisi jostain, se tarkoittaisi luopumista unelmista tai silloin menettäisi kokemuksia.

Jotkut ovat sanoneet, että tavaroista luopuminen olisi heille sama kuin kuolema. He olisivat valmiita jopa tekemään itsemurhan ennemmin kuin luopuisivat tavaroistaan.

"Jos heitän paljon pois, minusta ei jää mitään jäljelle."

Asia on ongelmallinen. Kun säästää tavarat, välttää kuohuttavaa tunnetta tavarasta luopumisesta. Silloin ei opi hallitsemaan stressiä ja sietämään edes pientä määrää jännitystä.

Pakkokeräilijät ovat perfektionisteja. Monet ovat todenneet, että on helpompi elää sotkussa kuin pettyä siihen, ettei saa siivottua täydellisesti (halvaantunut perfektionismi). Koska ei voi organisoida asioita täydellisesti, on parempi, ettei tee mitään. Jotkut ovat sanoneet siivoamisen saavan heidät miettimään omaa kuolemaansa, joten he välttävät siksi sitä.

Jotkut pakkokeräilijät pelkäävät virheitä. He välttävät kaikin tavoin tilanteita, joissa he joutuisivat luopumaan mistään. He voivat silloin vahingossa heittää pois jotain, mitä he kaipaavat myöhemmin. Välttämisestä tulee heille toinen luonto. Jotkut heistä kokevat poisheittämisen myös osoittavan, että he ovat tuhlaavaisia ihmisiä.

Sitten on sellaisia pakkokeräilijöitä, jotka eivät yksinkertaisesti vain huomaa omaa tai kotinsa tilaa (hamstraussokeus). He saattavat kieltää ongelman, vaikka hamstraus uhkaisi heidän terveyttään.

Tässä luvussa käyttämäni lähteet:

Frost, Randy ja Steketee, Gail (2010) Stuff. Compulsive Hoarding and the Meaning of Things. Houghton Mifflin Harcourt Publishing Company, New York.

Kolberg, Judith (2009) What Every Professional Organizer Needs to Know About Hoarding. Squall Press, Decatur.

Miten hamstrauksesta voi päästä eroon?

Onko pakonomaisesta hamstraamisesta mahdollista päästä eroon?

Vastaus on yksinkertainen ja toivoa antava – kyllä! Se vaatii kuitenkin aivan ensisijaisesti pakkokeräilijän omaa tahtoa. Ketään ei voi pakottaa luopumaan tavarasta. Hamstraajan täytyy itse haluta muuttua. Hänen ei kuitenkaan tarvitse käydä muutosprosessia läpi yksin. Parasta tervehtymisen kannalta olisi, jos hamstraajan koko perhe tai puoliso osallistuisi prosessiin.

"You alone can do it, but you can't do it alone."

Prosessi voi olla pitkä, eikä lopputulos ole ehkä ulkopuolisten mielestä täydellinen. Olennaista on kuitenkin saada tilanne hallintaan. Eri ihmisillä se tarkoittaa hamstrauksen asteesta riippuen erilaisia asioita. Monista hamstraajista on helpompi luopua tavaroiden hankkimisesta kuin niiden pois heittämisestä.

Tutkimuksissa on todettu, että parhaiten pakkokeräilijää auttaa kognitiivinen käyttäytymisterapia. Lääkityksellä ei ole saavutettu niin hyviä tuloksia. Traumasta puhuminen asiantuntevan psykologin kanssa voi parhaassa tapauksessa auttaa hoardaajaa löytämään keinot päästä parantumisprosessin alkuun.

Joillakin se voi tarkoittaa kaupassa käymistä, mutta ei osta-
kaan mitään (*non-shopping trips*). Joitakin on auttanut koe,
jossa saa postissa kortin, missä ei lue mitään. Olennaista
on, pystyykö heittämään sen pois. Jotkut hamstraajat ovat
kertoneet, että heitä auttaa se, että he yksinkertaisesta pysy-
vät erossa siitä asiasta, mitä he haluavat lisää.

Joskus asunto tai talo on niin täynnä tavaraa, että se on
vaarallinen jo ympäristöllekin. Silloin paloviranomaiset
voivat joutua tyhjentämään sen väkisin (*cleanout*). Se ei ole
kuitenkaan paras keino hamstraajan parantumisen kannalta.
Häntä auttaisi enemmän, jos hän raivaisi tavaroita yhdessä
ulkopuolisen ammattilaisen (ammattijärjestäjä) kanssa vähi-
tellen (*thinning out*). Silloin hänen ei tarvitsisi hävittää kaik-
kea kerralla, vaan hän voisi olla itselleen armollinen ja sallia
joitain pieniä tavaravarastoja.

Amerikkalaiset auttajat antavat ohjeita, joita Suomessa on toistaiseksi vaikea noudattaa. Täällä ei ole vielä samanlaista systeemiä kuin siellä. Frost ja Steketee mm. neuvovat:

1. Etsi terapeutti.
2. Etsi paikallinen hamstraajien työryhmä (*task force*).
3. Etsi paikallinen hamstraajien tukiryhmä.
4. Lue itseapu-kirja.
5. Yritä säilyttää positiivinen asenne. (Koskee myös hamstraajan läheistä.)

Suomessa ohjeet voisivat olla jotain tähän suuntaan:

1. Tutustu aiheeseen. Lue asiasta kertova "tieto"kirja.
2. Puhu asiasta jollekin luotettavalle ihmisille. Halutessasi voit ottaa yhteyttä minuun.
3. Hakeudu terapeutille.
4. Usko itseesi ja mahdollisuuksiisi parantua.

HUOM! Suhtaudu varauksella mm. netin keskustelupalstoihin ja asiaa liian sensaatiohakuisesti käsitteleviin tv-ohjelmiin.

Kognitiivinen käyttäytymisterapia

Onnistunut hamstraajalle suunnattu kognitiivinen käyttäytymisterapia (*Cognitive Behavioral Therapy CBT*) keskittyy ennemmin tämän hetkiseen tilanteeseen ja sen ratkaisemiseen kuin menneen käsittelyyn. Terapeutti haluaa tietää pakkokeräilijän näkemyksiä ja uskomuksia asioista. Hän ei ole niinkään kiinnostunut hamstraajan luonteenpiirteistä.

Terapian tavoite voi olla toiminnallinen (hamstraamisen vähentäminen), tunteeseen keskittyvä (helpottaa hamstraajan pelkotiloja), ajatteluun painottuva (hamstraaja opettelee ratkomaan ongelmia) tai fyysinen (hamstraaja ryhtyy noudattamaan auktoriteetin – esim. lääkärin – ohjeita).

Kognitiivinen käyttäytymisterapia koostuu motivoivasta haastattelusta, ongelmanratkaisusta, organisointitaitojen kasvattamisesta, tiedollisten toimintojen rakenteellisesta muuttamisesta sekä poisheittämisen ja järkevien asioiden hankkimisen opettelusta.

Jos terapiaan sisältyy terapeutin kotikäyntejä, ne helpottavat häntä ymmärtämään pakkokeräilijän tilanteen parhaiten. Olisi myös hyödyksi, jos perheenjäsenet osallistuisivat hoitoon tavalla tai toisella. He saattavat myös tarvita terapiaa läheisensä vaikean tilanteen vuoksi. Olennaisinta parantumiselle on kuitenkin hamstraajan oma tahto. Jos hän haluaa parantua, mahdollisuudet onnistua terapia avulla kasvavat.

Hyväksymis- ja omistautumisterapia

Kognitiivisen käyttäytymisterapian lisäksi tai rinnalla pakkokeräilijää voi auttaa hyväksymis- ja omistautumisterapia (*Acceptance and Commitment Therapy ACT*). Siinä tekniikkoina käytetään mm. hyväksyvää tiedostavaa läsnäoloa (mindfullness) ja meditaatiota.

Terapia perustuu ns. suhdekehysteoriaan (*Relational Frame Theory RFT*), johon kuuluu kuusi prosessia: hyväksyntä (*acceptance*), arvot (*values*) ja sitoutuminen niiden mukaiseen elämään (*committed action*), minäkuva (*self as context*), kielellisen kontrollin heikentäminen (*cognitive defusion*) ja yhteys nykyhetkeen (*contact with present moment*).

Hyväksymis- ja omistautumisterapiassa autetaan ihmistä mm. tiedostamaan ne tilanteet, joissa muutos olisi hyväksi. Tavoitteena on pystyä luopumaan asioista, jotka meidän on vaikea saada hallintaan ja hyväksyä ne osaksi elämää.

Tarkoituksena on saada hamstraaja oivaltamaan, että ajoittaiset epämiellyttävät tunteet kuuluvat kaikkien ihmisten normaaliin elämään. Terapeutti käyttää sellaista sanastoa ja kysyy sellaisia kysymyksiä, että se auttaa hamstraajaa näkemään hänen mielestään ikävät asiat positiivisemmassa valossa.

Olennaista olisi saada hamstraaja luopumaan erilaisista pakkomielteistään. Monet heistä pitävät itseään huonoina ja epäonnistuneina ja ovat siten itse itsensä pakkomielteitä. Se aiheuttaa heille ja heidän läheisilleen paljon ongelmia.

Olisi tärkeää, että hoardaaja oivaltaisi terapian avulla itselleen tärkeät arvot ja ryhtyisi toimimaan niiden mukaisesti. Se auttaisi häntä myös kehittämään positiivisempaa minäkuvaa.

Tässä luvussa käyttämäni lähteet:

Ayers, Catherine ja Espejo, Emmanuel (2011) Helping Patients with Compulsive Hoarding. The Journal of Science Communication, July 2011, Vol. 18, No.7.

Foa, Edna ja Wilson, Reid (2015) Kerrasta poikki: vapaaksi pakko-oireista ja rituaaleista. Lyhytterapiainstituutti oy, Helsinki.

Frost, Randy ja Steketee, Gail (2010) Stuff. Compulsive Hoarding and the Meaning of Things. Houghton Mifflin Harcourt Publishing Company, New York.

Sharp, Katie (2012). A Review of Acceptance and Commitment Therapy with Anxiety Disorders. International Journal of Psychology and Psychological Therapy. Volume 12 (3), October 2012, pp. 359-372.

Twohig, Michael (2008) The Application of Acceptance and Commitment Therapy of Obsessive-Compulsive Disorder. Cognitive and Behavioral Practice 16 (1), 18-28.

Twohig, Michael; Morrison, Kate; Bluet, Ellen (2014) Acceptance and Commitment Therapy for Obsessive Compulsive Disorder and Obsessive Compulsive Spectrum Disorders: A Review. Journal of Applied Statistics 10(4), November 2014, pp. 296-307.

Haasteita

Suomessa tilanne on hankala, koska tällä hetkellä ei ole vielä kovin paljon alan ammattiauttajia. Toki meilläkin on hyviä terapeutteja, mutta samanlaista pakkokeräilyyn erikoistunutta ammattikuntaa kuin Amerikassa on, ei meillä vielä ole. Suomessa ei ole ns. kunnon systeemiä asiaan.

Hamstraajan kannalta olisi myös hyväksi, jos terapeutit ja ammattijärjestäjät voisivat tehdä yhteistyötä asiakkaan kanssa hänen paranemiseksi. Ammattijärjestäjienkin määrä on Suomessa tällä hetkellä vielä kovin vähäinen. Terapeutti menee harvoin – tuskin koskaan – asiakkaansa kotiin.

Ammattijärjestäjän konkreettinen raivaustyö taas nimenomaan tapahtuu ihmisten kotona. Hän voisi tuoda yhteisiin tapaamisiin terapeutin ja hamstraajan kanssa aivan toisenlaisen näkökulman kuin sen, minkä pakkokeräilijä itse terapeutille kertoo.

Koska asian eteen on mm. Hollannissa tehty jo pitkään töitä, tilanne on siellä toinen. Hollantilainen terapiassa käyvä pakkokeräilijä voi saada ilmaista ammattijärjestäjän apua kodin konkreettiseen raivaamiseen.

Parhaiten pakkokeräilijää auttaisi, jos häntä tukevassa tiimissä olisi sosiaalityöntekijöiden lisäksi myös kaikki muut mahdolliset yhteistyötahot (ml. poliisi ja palolaitos), perheenjäsenet ja ystävät.

Tässä luvussa käyttämäni lähteet:

te Velde-Luoma, Anne (2010) Kaaoksen kesyttäjä. BTJ Finland, Helsinki.

te Velde-Luoma, Anne (2015) Ammattijärjestäjä-kurssin kurssimateriaali.

Olla, omistaa vai hamstrata

Tietyn tavaran hankkiminen on joskus välttämätöntä. Joskus se on pelkkää huvitusta. Joka tapauksessa omistamme hankkimamme tavaran. Tavallaan ne omistavat myös meidät.

Erich Fromm kiteyttää asian omistamiseen (*"having"*) ja olemiseen (*"being"*). "Omistajat" keräävät omaisuutta ja jopa ihmisiä. He saavat siitä tyydytyksen. "Olijat" keskittyvät kokemuksiin. Heitä innostaa asioiden jakaminen muiden kanssa.

Tutkimusten mukaan kovin materialistiset ihmiset eivät ole niin tyytyväisiä elämäänsä ja ovat onnettomampia kuin materiaa välttävät ihmiset. Ihmiset raportoivat olevansa onnellisempia, kun he ajattelevat kokemuksia – ei tavaroita. *"Being"*-ajattelu ja -toiminta tuovat ihmisen lähemmäs onnea. Materiaalistit – rajusti yksinkertaistettuna: rikkaat, nuoret ja miehet – ovat onnettomimpia.

Leaf van Boven näkee asiaan kolme syytä:

1. Tavaroita ei voi ns. elää uudestaan niin kuin kokemukset voi.
2. Kokemuksellisten asioiden vaikutus ei liity sosiaaliseen tilanteeseen. Materialisti hakee samanlaisuutta naapurien ja ystävien kanssa tavaroiden avulla.
3. Materian hankkiminen on yksittäinen tapahtuma, kokemuksellisista tulee sosiaalisia tapahtumia. Ko-

kemukset sisältävät enemmän potentiaalia kuin tavara.

Hänen tutkimustensa mukaan kokemukset tekevät ihmisistä onnellisempia kuin materia. Ne on helppo toistaa, niitä on vaikeita vertailla toisten kanssa ja ne vahvistavat sosiaalisia suhteita.

Ihmiset ovat kaiken kaikkiaan kaikissa ikäryhmissä ja erilaisista taustoista ja kiinnostuksen kohteista huolimatta kiinnostuneempia kokemuksista kuin materiasta. Mitä rikkaampi ihminen on, sitä kiinnostuneempi hän on kokemuksista (pl. todella köyhät). Vaikka kokemukset eivät olisi olleet miellyttäviä (esim. huono keli matkalla), muistot tuottavat mielihyvää. Kokemuksista on kiinnostavampaa keskustella kuin tavaroista.

Negatiivinen stereotypia materialisteista ja positiivinen elämysten kerääjistä saattaa myös lisätä kiinnostusta "being"-ajatteluun. Ihmiset voivat myös olla sokeita materialismilleen. Joillekin on saattanut syntyä mainostajien synnyttämiä tarpeita, jotka pakottavat heidät keräämään materiaa. Tiedottaminen materialismin haitoista voi myös vähentää keräämistä ja tehdä ihmisistä onnellisempia.

Hamstraajan motiivi säästää tavaroita ei liity julkiseen identiteettiin, vaan yksityiseen. He kokevat mm. näin:

"Ilman tavaroitani en ole mitään."

"Olen se, mitä omistan. Jos menetän sen, kuka minä olen?"

32

Tässä luvussa käyttämäni lähteet:

Boven, Leaf Van (2005) Experientialism, Materialism, and the Pursuit of Happiness. Review of General Psychology 2005, Vol 9, No. 2, 132-142.

Fromm, Erich (1976) To have or to be? Harper & Row., New York.

Lopuksi

Mistä sitten löytyvät onnen avaimet, jos tavara ei tuo taivasta maan päälle?

Väitän, että se löytyy luopumisesta ja irti päästämisestä. Jos pystyy yksinkertaistamaan elämäänsä ja luopumaan ylimääräisistä tavaroista, ja säästää vain ne tavarat, jotka japanilaisen ammattijärjestäjän Marie Kondon mukaan tuottavat iloa, elämänlaatu paranee. Sairaalloinen hamstraaja ei välttämättä siihen täysin pysty, mutta pienin askelin hänkin voi sen tavoitteen omalla tavallaan saavuttaa.

Pakkokeräilystä kärsivä ihminen tarvitsee apua tavoitteen saavuttamiseksi. Minusta meidän kaikkien siitä vaivasta kärsimättömien pitäisi tehdä kaikkemme auttaaksemme siitä kärsiviä. Meillä jokaisella on todennäköisesti joku tuttu tai sukulainen tai perheenjäsen, jolla ongelma on.

Nyt meidän mykkien suomalaisten olisi aika rohkaistua, avata suu ja tarjota apua sitä tarvitsevalle. Asiaa pitää toki käsitellä pakkokeräilijän kanssa hienovaraisesti. Avun tarjoajan pitää toimia viisaasti: käyttää tunneälyään ja tilannetajuaan. Se on vaikeaa, mutta todennäköisesti useimmiten palkitsevaa.

Tässä luvussa käyttämäni lähteet:

Kondo, Marie (2015) KonMari - Siivouksen mullistava taika. Bazar. Helsinki.

Tositarinoita pakkokeräilystä

Minun oli todella vaikea löytää haastateltavia.

Ilmoitukseni oli HUS:n Mielenterveystalon Facebook-sivuilla syksyllä 2016. Kukaan ei ottanut yhteyttä, vaikka erään psykologin mukaan hoardaajia olisi pitänyt olla juuri siinä kohderyhmässä. Hän kertoi, ettei kukaan ole koskaan hakeutunut hänelle terapiaan pakkokeräilyn vuoksi. Ongelma on ilmennyt terapian edetessä muiden asioiden yhteydessä.

Vuoden 2016 lopussa laitoin ilmoituksen Kirkko ja kaupunki-lehteen. Minuun otti sen luettuaan yhteyttä kaksi naista, jotka tapasin vuodenvaihteen molemmin puolin. Molemmat antoivat luvan julkaista tarinansa. Kolmannen haastateltavan löysin keväällä 2017 erään ammattijärjestäjän avulla. Hänkin oli nainen. Hän antoi myös luvan kertoa elämäntarinansa muille.

Kesällä 2017 nimetön mieshenkilö lähetti minulle kirjeen, jossa hän kertoi ongelmastaan. Hän oli kuullut sukulaiseltaan, että etsin haastateltavia. Hän halusi kertoa tarinansa, mutta hän ei kuitenkaan halunnut tavata minua. Hän asuu pienellä paikkakunnalla, eikä hän halua paljastua.

Harmitti, että en lukuisista yrityksistä huolimatta löytänyt enempää ihmisiä, jotka olisivat uskaltaneet tai halunneet avautua asiasta. Toisaalta ymmärrän sen hyvin. Asiasta on todella vaikea puhua. Siitä puhuminen voisi kuitenkin parhaimmillaan auttaa sekä pakkokeräilijää itseään että hänen läheisiään kuin myös hänen tarinansa lukenutta hoardaajaa.

Alkutalvesta 2018 tapahtui kuitenkin ihme. Erilaisten onnellisten sattumien kautta löysin vielä neljä uutta haastateltavaa: kolme naista ja yhden pariskunnan. Ja sitten yllättäen löysin vielä kolme naista lisää. Lopputulos oli kuitenkin se, että käteen jäi vain neljä tarinaa. Yksi kielsi tarinansa julkaisemisen, kaksi ei kommentoinut lukuisista pyynnöistäni huolimatta mitenkään haastattelun pohjalta kirjoittamaani tekstiä.

Seuraavaksi voit lukea ne kahdeksan tarinaa, jotka tapaamisistani poiki. Niissä erilaiset ihmiset kertovat oman hamstraustarinansa. Toivottavasti ne auttavat sinua.

1: työtön noin 40-vuotias sinkkunainen

Nainen on vähän päälle 40-vuotias työtön sinkku. Hänet irtisanottiin yllättäen noin neljä vuotta sitten matkailualalta 13 vuoden työsuhteen jälkeen. Irtisanominen oli hänelle vakava kriisi.

Hän on käynyt kaksi vuotta terapiassa kerran viikossa mm. masennuksen takia. Hänellä on siihen lääkitys. Hän tiedostaa myös pakkokeräilyongelmansa ja häpeää sitä, mutta hän ei saa lopetettua sitä.

Köyhän maatalon tyttönä hän on kerännyt koko ikänsä kaikkea mahdollista (mm. puhelinkortteja, lehtiä, askartelutarvikkeita) varmuuden vuoksi pahan päivän varalle varastoon. Hän ei voi heittää juuri mitään pois. Koskaan ei voi tietää, jos jotakin tarvitsee myöhemmin. Hän on sisäistänyt ajatuksen: aika tavaran palkitsee. Melkein kaikkiin tavaroihin liittyy myös sellaisia rakkaita muistoja, ettei niistä voi sen takia luopua.

Nainen kerää tavaraa ns. myös muille. Hän ostaa lahjoja, jotka hän antaa sitten joskus sopivana hetkenä jollekin. Ostokset eivät ole koskaan kalliita, mutta niitä on suhteellisen paljon. Hän käy säännöllisesti mm. UFF:ssa ja Fidassa ostoksilla.

Nainen on tosi huoliteltu, vaatteet ja korut ovat sävy sävyyn. Hän kerää myös koruja, kosmetiikkaa ja vaatteita.

Nainen on tosi iloluontoinen ja hänellä on paljon kaikenlaisia aktiviteettejä ja sosiaalisia yhteyksiä. Hän ei ole mitenkään eristäytynyt, vaikka hän ei voi koskaan kutsua kotiinsa edes siskoaan tavarapaljouden takia. Häntä hävettää niin paljon.

Joinain päivinä naiseen iskee niin paha masennus, ettei hän pysty nousemaan sängystä moneen päivään. Joskus vessaan meneminen tuntuu ylivoimaiselta suoritukselta. Hän makaa vain sängyn pohjalla mahdollisesti hoitokissa kainalossa ja tuijottaa tabletilta kaikenlaista. Hänen elämästä suuri osa kuluu makuuhuoneessa.

Naisen asunto on noin 40m2. Olohuone on niin täynnä tavaraa, ettei hän ole käynyt siellä pariin vuoteen kuin silloin tällöin. Ruokaa hän ei juuri laita. Hän syö yleensä leipää ja juustoa sekä jukurttia, koska niistä ei tule tiskiä. Kylpyhuone on käytössä. Hän pystyy käymään suihkussa ja pesemään pyykkiä.

Kysyin, mikä saisi hänet raivaamaan kotinsa. Hän sanoi, että ehkä se, että hän löytäisi miehen (ja saisi miehen kanssa lapsen). Hän haluisi kiihkeästi saada myös oman lapsen. Nyt hän hoitaa muiden lapsia säännöllisesti.

Nainen sanoi, että hänellä ei ole ollut onnea rakkaudessa, mutta arpajaisissa kyllä. Hän voittaa suurin piirtein aina, kun hän vain osallistuu johonkin.

Häntä pelottaa, ettei hän ehdi löytää miestä ja saada lasta, ennen kuin on myöhästä. Hän on kuitenkin jo yli 40-vuotias. Hänen noin 10 vuotta nuorempi sisko oli saamassa seuraavana kesänä lapsen. Sen takia nainen on ajatellut tehdä jotain kodilleen. Hän haluaisi, että lapsi voisi tulla joskus hänen luokseen.

Todettiin, että ilmeisesti lapsenkaipuu ei ole vielä ollut tarpeeksi suuri, koska hän ei ole saanut raivattua kotiaan.

Koko ikänsä nainen on kokenut, ettei hänestä pidetä. Erityisesti hänen äitinsä on sanonut niin. Äiti on sitä mieltä, ettei tytär osaa tehdä mitään oikein (esim. pestä ikkunoita tai tehdä karjalanpiirakoita). Naisella on jatkuva tarve tulla hyväksytyksi. Lasten kanssa hän kokee onnistuvansa, heiltä hän saa palkitsevaa aitoa suoraa palautetta ja rakkautta.

Nainen sanoi, että hän on saanut apua vaivaansa, ja monet ystävät haluaisivat auttaa häntä esimerkiksi raivaamaan hänen kotinsa. Hän ei ole tähän asti vain pystynyt vastaanottamaan apua, koska hän ei halua kenenkään näkevän sotkuista kotiaan.

Tapaamisemme (kevät 2017) jälkeen sähköposteilimme hiukan. Hän kertoi saaneensa keskustelumme jälkeen voimaa pienesti raivata kotiaan. Minusta tuntui hyvältä, että olin edes hiukan saanut autettua häntä. Olen tosi iloinen, että hän on lähettänyt minulle noin puolen vuoden välein tapaamisemme jälkeen sähköpostin, jossa on kertonut kuulumisiaan. Viimeisimmässä, jonka sain kesällä 2018, hän kertoi päässeensä työkokeiluun. Hän oli siitä innoissaan. Kodilleen hän ei ollut edelleenkään saanut tehtyä mitään.

2: eläkkeellä oleva noin 60-vuotias leskirouva

Tapasin eläkkeellä olevan vähän yli 60-vuotiaan perushoita-
jan. Hän on evakon lapsi, joka on tottunut elämään säästä-
väisesti. Hän ei tuhlaa rahaa mihinkään turhaan, eikä hän
heitä mitään roskiin. Hän on myös kova kierrättämään.
Kun yli 10 vuotta sitten tapahtuneessa perinnönjaossa hän
ei saanutkaan lapsuudenkotiaan kesäasunnoksi, hän oli
vaikeuksissa sitä varten keräämiensä tavaroiden kanssa.
Hän oli ajatellut, että ne löytävät paikkansa sieltä.

Hänen pelastuksensa oli se, että hänellä oli miehensä kans-
sa kuusi sijoitusasuntoa. Nainen täytti niiden varastot ja
pari autotallia keräämillään tavaroilla. Mies oli kuollut vajaa
kaksi vuotta ennen tapaamistamme. Nainen oli ollut hänen
omaishoitajansa. Perikunta halusi, että puolet asunnoista
myydään. Naiselle jäi enää kolmen asunnon varastot käyt-
töön.

Silloin hän joutui pakon edessä luopumaan joistakin tava-
roista. Se ei ollut hänelle kuitenkaan täysin mahdoton teh-
tävä, koska hän on luonteeltaan antelias. Hän antaa mielel-
lään pois sellaisia tavaroita, joita joku aidosti tarvitsee. Hän
myy myös silloin tällöin innostuksen puuskassa tavaroitaan
kirpputorilla sekä vie niitä hyväntekeväisyyteen. Tosin sen
jälkeen hänellä on ns. lupa tuoda kotiin uusia tavaroita.

Naisen koti on niin täynnä tavaraa, että hän ei kehtaa pyy-
tää sinne vieraita. Sosiaalinen elämä on kärsinyt niin, että
ainoat naisen luona käyvät ihmiset ovat hänen tyttärensä ja
naista vielä pahemmin hamstraamista harrastava ystävätär.
Nainen kärsii tilanteesta, mutta ei pysty kuitenkaan täydelli-

sesti muuttamaan sitä. Voimakastahtoinen tytär saa aktivoitua äitiään, koska nainen haluaa miellyttää tytärtään. Hän sanoo hakevansa tyttäreltään hyväksyntää.

Nainen kokee, että tavarat tuovat hänelle turvaa. Hän sanoo, että hänellä ei ollut koskaan lapsena tai nuorena turvallinen olo. Hän kokee, että hänen piti aikuistua liian nuorena. Hänen piti mm. ottaa vastuu 7-vuotiaana vammaisesta pikkuveljestään, koska hänen äitinsä ei pystynyt siihen.

Naisen mielestä hamstraamisen syy piilee lapsuuden kodissa ja lapsuuteen liittyvissä käsittelemättömissä traumoissa. Hänen säästämänsä kotitilan kauniit astiat tuovat hänelle turvaa ja lämpöä. Niiden avulla hän on rakentanut turvamuurin ikäviä muistoja ja kokemuksia vastaan. Hänen mielestään sellainen ihminen, jolla on ollut turvallinen lapsuus, ei tarvitse turvakseen tavaraa.

Vaikka nainen oli käsitellyt asiaa ammattiauttajan kanssa, tapaamisemme herätti hänessä jälkikäteen voimakkaita tunteita. Hän ahdistui keskustelustamme ja hakeutui ammattiauttajan luokse keskusteleman asiasta. Minusta tuntui aluksi todella pahalta, että tapaamisemme järkytti häntä niin kovasti. Hän kuitenkin rauhoitteli minua ja sanoi, ettei vika ollut minun. Että itse asiassa autoin häntä käsittelemään asiaa. Lopuksi hän jopa kiitti minua. Silti minusta tuntui ja tuntuu edelleen aika ikävältä. Viesteilimme jälkikäteen. Hän kertoi tilanteensa olevan selkeytymässä. Uskon ja toivon, että niin käy.

3: eläkkeellä oleva noin 70-vuotias nainen, jonka ex-mies oli hamstraaja

Nainen tutustui parikymppisenä saman ikäiseen japanilaiseen mieheen. He olivat yhtä aikaa Amerikassa vaihdossa. Sen jälkeen he rupesivat kirjoittelemaan. Noin viiden vuoden kirjeenvaihdon jälkeen nainen muutti Japaniin, ja he menivät naimisiin noin 25-vuotiaina. Nainen sai sieltä töitä. He asuivat pienessä kerrostaloasunnossa (kahdeksan tatamin kokoinen huone ja keittiö).

Aluksi nainen ei huomannut miehessä mitään epätavallista. Pikku hiljaa miehen erikoisuudet kuitenkin paljastuivat. Kun mies pääsi valmistuttuaan töihin ja rupesi tienaamaan, hän laittoi rahansa esimerkiksi Louis Vuittonin laukkuihin, Burberryn takkeihin, käsintehtyihin italialaisiin kenkiin ja Dunhillin piippuihin. Naiselle merkkituotteet eivät koskaan olleet tärkeitä. Miestä kiinnostivat avioliiton alkuvuosina erityisesti tietyt brittiläiset brändit (Burberry ja Dunhill) ja asiat (Sherlock Holmes). Mies keräsi myös armeijan hätäruokapaketteja ja tietynlaisia silkkipyjamia. Hän perehtyi myös syvällisesti viskeihin ja viineihin.

Tavaroita ei käytetty, vaan ne paketoitiin huolellisesti ja laitettiin kaappiin. Joskus mies otti esimerkiksi kengät kaapista ja saattoi ihailla niitä pari tuntia. Kupujen alla olleista vintage-pikkuautoista hän pyyhki välillä säämiskällä pölyjä. Mies ei koskaan polttanut keräilypiippujaan, vaan tavallista käytettynä saamaansa piippua. Muita - "oikeanlaisia" piippujaan - hän vain ihaili.

Mies ei pukeutunut mitenkään hienosti, vaan oikeastaan päinvastoin. Hänen vaatteensa olivat melko tavallisia käyttövaatteita, joiden likaantumisesta ei tarvinnut välittää. Vaatteiden likaantuminen ja rypistyminen olivat miehelle ahdistava asia. Jos hän pukeutui juuri prässättyihin housuihin, hän saattoi seistä junassa kaksikin tuntia vain säilyttääkseen housujen prässit moitteettomina. Töissä mies käytti japanilaisen liikemiehen – *"salarymanin"* - univormua eli keskivertolaatuista pukua.

Asunto oli pieni. Pikku hiljaa miehen keräilemät tavarat eivät mahtuneet kaappeihin. Kun perheeseen syntyi tytär, he saivat vähän suuremman asunnon. Sekin tietysti täyttyi, eikä tarpeelliselle tavaralle ollut tilaa. Lapsi ei koskaan koskenut isänsä pyhiin tavaroihin. Hänelle oli sanottu, että niihin ei saa koskea. Ja hän noudatti käskyä.

Naiselle on jäänyt mieleen erityisen tyrmäävänä ja loukkaavana eräs tapaus lapsen taaperoiästä. Mies oli poikkeuksellisesti vetänyt jalkaansa yhden palvomistaan kenkäpareista. Hän oli istuutunut huoneen rauhalliseen nurkkaan hartaasti ihailemaan kenkiään kaikessa hiljaisuudessa. Silloin pienokainen tuli yllättäen huoneeseen. Hän ilahtui nähdessään isänsä ja alkoi juosta tätä kohti. Mies pelästyi pahemman kerran. Hän pelkäsi, että lapsen paljas jalka osuisi hänen keräilykenkiinsä. Silloin ne turmeltuisivat. Hän kielsi lastaan tulemasta lähelleen. Kuuliainen lapsi pysähtyi heti ja jätti isänsä palvomaan kenkiään.

Nainen hakeutui avioliittoneuvojalle, koska mies ei pystynyt puhumaan mistään normaaleista arjen asioista (esim. lapsesta). Häntä kiinnosti vain tavara. Mieskin tuli neuvojalle naisen pyynnöstä pari kertaa, mutta siitä ei ollut hyötyä. Mies sanoi, että hän ei jaksa tehdä töitä avioliiton eteen.

He olivat naimisissa kymmenen vuotta. Nainen hoiti paikallisen naisjuristin kanssa paperit kuntoon. Mies suostui maksamaan ihan hyvän elatusmaksun, koska muuten hän olisi menettänyt kasvonsa japanilaisessa yhteiskunnassa. Vaatteitaan lukuun ottamatta nainen jätti omistamansa vähät tavarat miehen hämmästykseksi Japaniin ja muutti 7-vuotiaan tyttärensä kanssa Eurooppaan.

Mies ei aluksi kertonut vanhemmilleen, että he olivat eronneet. Vasta, kun isoisä oli kysynyt, koska he tulevat taas kesäloman jälkeen sunnuntaina syömään heille, pojan oli pitänyt tunnustaa asia isälleen.

Mies tuli käymään Suomessa isänsä kanssa kolme vuotta eron jälkeen isän painostuksesta. Vanha mies ei uskaltanut lähteä matkaan ilman poikaansa, koska hän ei osannut muita kieliä kuin japania. Isoisä oli aidosti kiinnostunut ainoan lapsenlapsensa elämästä ja kaipasi tätä. Vierailu jäi ainoaksi, koska sen jälkeen isoisä sairastui. Hän oli loppuelämänsä liikuntakyvytön.

Nainen iloitsi isoisän kiinnostuksesta lapsenlapsensa elämään. Hän oli kuitenkin pettynyt ex-miehensä toimintaan. Mies ei tullut Suomeen lapsensa takia vaan isänsä painostuksesta. Mies olisi halutessaan voinut helposti järjestää tapaamisen lapsensa kanssa, koska hän kävi usein työmatkoilla Euroopassa.

Nyt noin 40-vuotias tytär on käynyt säännöllisesti tapaamassa Japanissa isäänsä ja isovanhempiensa vielä eläessä myös heitä. Tytärkin on kiinnostunut luxus-tavaroista ja ostaakin niitä suhteellisen paljon, mutta hänellä ei ole varsinaista keräilyongelmaa. Hän on töissä eräässä LVMH-konsernin organisaatiossa. Isä on ylpeä asiasta. Isä on ranskan kielen ihailijana myös ylpeä siitä, että tytär osaa sitä.

Kun tyttö oli pieni, isän mielestä lapselle ei kannattanut puhua japania tai opettaa sitä hänelle. Kielellisesti lahjakas tytär oppi sitä kuitenkin isovanhempiensa kanssa tavatessaan, leikkikentillä ja lastentarhassa. Miehen vanhemmat eivät olleet keräilijöitä, mutta isoveljellä oli myös tavaroiden peittely- ja suojelutaipumuksia.

Mies on mennyt uudelleen naimisiin. Miehen toinen vaimo on myös keräilijä. Heillä on kaksi asuntoa, joista toinen on täynnä tavaraa. Toisessa he asuvat, mutta nyt sekin alkaa olla tyttären kertoman mukaan täynnä. Normaali elämä on siellä vaikeaa. Toinen vaimo on ruvennut sairastelemaan ja haluaisi luopua tavarasta. Mies ei halua, että hänen kokoelmiinsa kosketaan. Niistä luopuminen olisi hänelle mahdotonta.

Nainen sanoi, ettei hän ole koskaan osannut nimetä ex-miehensä sairautta kunnolla. Hän kertoi myös, ettei hän osannut hakea Suomeen palattuaan 80-luvun alussa lisää terapia-apua. Hän oli vain helpottunut päästyään kauas perhetilanteesta, johon oli Japanissa päätynyt. Hän oli joutunut vartioimaan ja suojelemaan tavaroita, joiden arvoa ja merkitystä hän ei ollut ymmärtänyt missään vaiheessa.

Hänellä oli täysi työ saada arki sujumaan lapsen kanssa Euroopassa. Hän pohti, että keskustelu jonkun vastaavassa tilanteessa olleen ihmisen kanssa olisi terapeutin lisäksi voinut olla avuksi. Hän kertoi, ettei ollut oikeastaan koskaan puhunut tapahtuneesta kunnolla kenenkään suomalaisen ystävättärensä kanssa. Hänen mielestään asiaa olisi myös ollut hankala tai jopa mahdotonta käsitellä kirjeissä. Sehän oli oikeastaan ainoa kommunikointiväline 70-luvulla.

Nainen epäili, että heille olisi todennäköisesti tullut ero ilman lastakin. Miehen välinpitämättömyys lapseen vain korosti kaikkea. Mies välitti omalla tavallaan lapsesta eli materialistisesti. Hän pystyi hoitamaan talouden aika hyvin, vaikka kyllä miehen luottorajat ylittyivät lähes joka kuukausi. Nainen tienasi käännös- yms. töitä tekemällä. Heidän perhe-elämänsä oli suhteellisen normaalia japanilaista. Mies teki pitkää päivää. Viikonloppuna hän nukkui myöhään ja kävi pelaamassa työkavereitten kanssa pallopelejä. Joskus heillä kävi vieraita. Mies käyttäytyi silloin normaalisti. Vieraiden lähdettyä hän saattoi puhdistaa pitkään hänelle rakasta teak-tuolia, jossa vieras oli istunut. Tuolia ei normaalisti käytetty. Nyt hänen oli pakko huolellisesti tarkistaa, mitä vahinkoa vieras oli sille aiheuttanut.

Nainen kertoi myös miehen pakkokeräilijöille tyypillisestä perfektionismista. Mies oli hyvä piirtäjä. Hän ei voinut esimerkiksi piirtää pienelle tyttärelleen kissaa, koska siitä ei olisi tullut täydellistä. Mies ei arvostellut vaimon tuotoksia. Hän ei arvostanut esimerkiksi töissä niitä, jotka eivät tavoitelleet täydellisyyttä. Mies oli hyvä ja arvostettu työssään, hän puhui ja kirjoitti mm. täydellistä englantia.

Jälkikäteen nainen sanoi tajunneensa, että jo heidän hääpäiväänsä liittyi omituinen piirre. Miehellä oli hieno räätälillä teetetty puku. Kun nainen tarttui miestään käsikynkästä, mies kielsi sen. Puvun hiha olisi likaantunut tai rypistynyt siitä. Mies ei käyttänyt pukua häiden jälkeen.

Kerran nainen kertoi pelänneensä miestään. Miehellä oli Smith & Wessonin keräilyase. Joskus hän otti sen kaapista ja osoitteli sillä pienessä huoneessa myös vaimoaan kohti. Nainen ei tiennyt, oliko ase ladattu vai ei.

Kun tapasimme, avioliiton päättymisestä oli noin 35 vuotta. Nainen oli ns. sinut asian kanssa. Silti hän oli edelleen hiukan ymmällään sitä, mistä sinänsä kunnollisen miehen sairaudessa oli kysymys. Nainen ei ollut ennen tapaamistamme koskaan aikaisemmin puhunut asiasta kenenkään kanssa.

47

4. maalla yksin asuva noin 50-vuotias mies

Kesällä 2017 nimetön mieshenkilö lähetti minulle kirjeen, jossa hän kertoi keräilyongelmastaan. Hän oli kuullut sukulaiseltaan, että etsin haastateltavia. Hän halusi kertoa tarinansa, mutta hän ei kuitenkaan halunnut tavata minua. Hän asuu pienellä paikkakunnalla ja pelkäsi paljastuvansa.

Mies kertoi kirjeessään, että hänestä on tullut pakkokeräilijä ns. vahingossa. Hän ei ollut edes tajunnut olevansa sellainen ennen kuin hänen serkkunsa mainitsi hänelle asiasta ja kertoi minun etsivän haastateltavia kirjaani. Hän sanoi miettineensä serkkunsa sanoja ja tulleensa siihen tulokseen, että hänellä tosiaankin on paljon hamstraajalle tyypillisiä piirteitä.

Hänen kotinsa on täynnä tavaraa. Koska hän ei ole koskaan ollut kiinnostunut ruuanlaitosta, tavarat ovat valloittaneet myös keittiön. Olohuoneessa hän kertoi pystyvänsä katsomaan nojatuolista televisiota, mutta muuten huone on täynnä vanhoja huonekaluja ja tavaroita. Kirjoja hänellä ei ole. Makuuhuoneessa hänellä on tyhjänä vain sänky, muuten sekin huone on täynnä tavaraa. Kylpyhuone ei ole normaalissa käytössä, koska hänellä on pihapiirissä erikseen saunarakennus.

Mies kertoi, ettei hän heitä koskaan mitään pois. Koska hän asuu yksin, kukaan ei huomauta hänelle asiasta. Talo on melko iso vanha huonokuntoinen omakotitalo, jossa on laaja pihapiiri ulkorakennuksineen. Myös ne ja kaikki mahdolliset paikat ulkona on täynnä hänen mielestään kaikenlaista tarpeellista. Hänellä on mm. monta rikkinäistä traktoria. Ne ovat siellä siksi, koska koskaan ei voi tietää, mitä varaosia käytössä olevaan toimivaan traktoriin niistä tarvitaan.

Hänellä on myös useita kissoja, jotka saavat rauhassa vaeltaa sekä sisällä että ulkona. Hän ei ole hankkinut mitään niistä. Ne ovat vain ajautuneet hänen luokseen, ja hän on tarjonnut niille kodin. Kylpyhuone on niiden valtakuntaa.

Mies kertoi, että hänen keräilyvimmansa alkoi varsinaisesti hänen isovanhempiensa kuoleman jälkeen noin viisi vuotta sitten. Oli hän sitäkin ennen jo kaikenlaista kerännyt. Nuorena hänellä oli mm. laaja kokoelma mopoja niiden varaosien takia. Isovanhempien kodissa oli paljon sellaisia tavaroita, jotka olivat miehelle lapsuuden ajalta rakkaita. Jos hän ei olisi ottanut niitä, ne olisivat joutuneet kaatopaikalle. Helpointa oli, että mies muutti isovanhempiensa taloon.

Miehen omat vanhemmat elävät, mutta he eivät ole keräilijöitä. He ovat entisiä isossa maatalossa asuneita maanviljelijöitä, jotka tällä hetkellä asuvat pienessä kerrostalokolmiossa kirkonkylän keskustassa. Sinne he ottivat mukaansa vain tarpeelliset tavaransa ja heittivät muut pois tai antoivat ne hyväntekeväisyyteen. He eivät puhuneet pojalleen asiasta mitään ennen kuin he olivat jo oikeastaan muuttaneet. Poika on ikuisesti katkera vanhemmilleen tapahtuneesta, vaikka vanhemmat olivat toki säästäneet kaikki pojan henkilökohtaiset tilalla vielä olleet tavarat. Mies olisi halunnut kuitenkin enemmän tavaroita myös lapsuudenkodistaan.

Serkun mukaan pojan isä on kauhuissaan poikansa kasvavasta ongelmasta. Isä on kertonut aina kärsineensä oman isänsä keräilypakosta. Hän oli tyytyväinen, kun löysi jo nuorena tarkan ja turhasta tavarasta piittaamattoman tytön vaimokseen. Sairaalloinen hamstraaminen näyttää tässä perheessä siirtyneen yhden sukupolven yli.

Serkku kertoi, että paikkakunnan ympäristösihteeri on ollut mieheen useasti yhteydessä. Monet paikkakuntalaiset ovat toivoneet, että talon pihapiiri raivattaisiin. Naapurissa asuvat ihmiset ovat kyllästyneet mm. traktoreita ja jääkaappeja pursuavaan tonttiin, jossa liikkuu lukematon määrä villejä kissoja.

Mies ei itse koe, että hänen keräilynsä olisi sairaalloista. Sen hän myöntää, että hänellä on paljon tavaraa ja että hänellä on paljon sellaista tavaraa, jota moni muu pitäisi turhana tai roskana. Hän ei kuitenkaan voi tai halua luopua tavaroistaan, koska joko niihin liittyy tärkeitä muistoja tai niiden pois heittäminen ei olisi hänen mielestään niiden mahdollisuuden tarpeellisuuden takia järkevää. Se olisi myös hänen mielestä tuhlaamista. Miehen mielestä hänellä ei ole mitään tautia, josta hänen pitäisi parantua.

5.Juuri eläkkeelle jäänyt kaikenlaista ns. varmuuden vuoksi keräilevä pariskunta, joilla on neljä aikuista lasta ja yksi alle 3-vuotias lapsenlapsi

Tapasin noin 65-vuotiaat hyväkuntoiset noin puoli vuotta aikaisemmin eläkkeelle jääneet aviopuolisot. Heillä on neljä aikuista lasta ja yksi alle 3-vuotias lapsenlapsi. He asuvat isossa omakotitalossa Helsingissä kahdestaan. He ovat periaatteessa oikein tyytyväisiä tilanteeseensa, mutta tavaraa heillä on omasta mielestään liikaa. Siitä on kuitenkin vaikea luopua.

Heidän tarkoituksensa on ollut eläkkeelle jäätyään ruveta raivaamaan asuntoaan, mutta tapaamiseen mennessä se ei ollut vielä konkretisoitunut kovin näkyvästi. Tavoitteena olikin seuraavan parin kuukauden aikana saada jotain sillä saralla aikaan. Pohdimme yhdessä, mistä se olisi helpointa aloittaa. Mietimme myös sitä, miksi tavarasta luopuminen on niin hankalaa. Vaimo totesi, että aina luovuttuaan jostain turhasta tai ylimääräisestä hänellä on ollut helpottunut olo ja tyytyväinen mieli.

Hän pitää miestä enemmän siististä ja helposti siivottavasta kodista, mutta on miehestäkin siisti koti mukava. Hän siirtää säilytettävät tavarat kuitenkin varastoon viiveellä, mistä aiheutuu pariskunnan välille kitkaa. Monet heidän varmuuden vuoksi keräämänsä tavaransa ovat isokokoisia ja pölyä kerääviä.

51

Miehen isä kuoli, kun hän oli 17-vuotias. Vanhempiensa ainut lapsi asui pitkään äitinsä kanssa kahdestaan. Vuonna 1995 miehen äidin vanha omakotitalo myytiin. Silloin sieltä siirtyi pariskunnan kotiin sellaiset tavarat, joita ei voitu sijoittaa äidin uuteen kerrostaloasuntoon (esim. kangaspuut ja kaivonrenkaidennostolaite). Äidin kuoltua noin kymmenen vuotta sitten hänen loput tavaransa (vaatteet, koriste-esineet, astiat, kirjat yms. irtaimisto) siirtyi pariskunnan omakotitalon pihalla olevaan autokatokseen. Tavarat ovat edelleen siellä.

Eniten tilaa vievät tavarat ovat miehen isän itse tekemät kaivonkannenlaskuteline, joka on sijoitettu autokatokseen sekä kangaspuut, jotka ovat talon alakerran työhuoneen yhteydessä olevassa komerossa. Vaikka mies ei ole koskaan käyttänyt niitä, hän ei ole voinut luopua niistä. Ne ovat hänelle niin rakkaita, koska niihin liittyy niin paljon muistoja. Nyt mies oli kuitenkin valmis luopumaan mm. ainakin osasta äitinsä vaatteita, koska hän epäili niiden olevan niin huonossa kunnossa.

Nainen on taas todella suuresta monilapsisesta perheestä maalta. Hänen isänsä kuoli hänen ollessa parikymppinen. Hänen noin 90-vuotias äitinsä elää edelleen. Nainen ei ole tuonut tai oikeastaan saanut tuoda lapsuudenkodistaan omaan kotiinsa mitään muistoesineitä. Hänen äitinsä ei ole halunnut antaa, eikä nainen ole itsekään halunnut sieltä mitään. Hän sanoikin, ettei hän kaipaa sieltä oikeastaan mitään edes joskus tulevaisuudessa tapahtuvan perinnönjaon yhteydessä.

Pariskunnan varastoja täyttävät myös aikanaan omakotitalon rakentamisesta yli jääneet materiaalit. He eivät ole malttaneet heittää niitä pois. He ovat ajatelleet, että niitä voi vielä joskus tarvita. Talo valmistui melkein 25 vuotta sitten. Keskustelumme aikana he tulivat siihen tulokseen, että he yrittävät myydä varastossa olevat hyväkuntoiset räystäslaudat sekä ylimääräiset tuplakylpyhuonekalusteet, koska niille ei ole ollut käyttöä tähän mennessä. He päättivät myös hävittää kaikki rakentamisprojektiin liittyneet paperit. Niitä on monta mapillista.

Miehen pienempikokoisia keräilykohteita ovat mm. VHS-kasetit, joille hän on nauhoittanut kaikkea mahdollista tärkeää. Niitä on todella paljon. Nyt hän päätti käydä ne läpi ja siirtää tärkeimmät sellaiseen muotoon, että niitä voi katsoa. Lopuista hän aikoo luopua. Kaksi jätesäkillistä C-kasetteja oli jo lähtenyt roskiin. Hänellä on myös melkein täysi Mitä, missä, milloin -kirjasarja sekä 100 pakkaa eri puolilta maailmaa hankittuja pelikortteja, joita hän ei aio koskaan hävittää. Hänelle on myös erittäin rakas hänen ensimmäisillä palkkarahoillaan ostamansa tietosanakirjasarja. Siihen liittyy niin paljon tunnearvoa, että siitä hän ei voi ikinä luopua.

Perheen aikuiset lapset ovat tuoneet lapsuudenkotinsa omiin huoneisiinsa monien muuttojensa jälkeen erilaisia tavaroita säilöön. Nyt he ovat luvanneet käydä ne läpi ja heittää pois tavarat, joita he eivät tarvitse.

6. Perheellinen noin 40-vuotias "hamsteri"-nainen

Noin 40-vuotias nainen asuu miehensä ja kahden alle 5-vuotiaan lapsensa kanssa Länsi-Suomessa. Hänellä on monta koulutusta. Hän on mm. muotoilija, ja hän on perehtynyt monipuolisesti erilaisiin käsityötaitoihin ja materiaaleihin. Hän on myös hyvä organisoimaan asioita ja ohjaamaan ihmisiä. Viimeksi hän on suorittanut ammattijärjestäjän tutkinnon. Haastatteluhetkellä hän työskenteli opetustehtävissä. Hän järjestää myös erilaisia askartelukursseja.

Tapasimme naisen kotona tammikuussa 2018. Hän kertoi hyvin avoimesti elämästään. Hänellä on kolme nuorempaa veljeä. Heidän vanhempansa erosivat, kun nainen oli noin 15-vuotias. Hän masentui siitä, ja kantoi sitä taakkaa toiset 15 vuotta ennen kuin hakeutui ammattiauttajalle. Hänellä todettiin kroonistunut masennus ja kaksisuuntainen mielialahäiriö, jotka saatiin lääkityksellä hallintaan.

Nainen on säilyttäjä-ihminen. Hän kutsuu itseään hamsteriksi. Vaikka heidän – lapsiperhee – kodissa oli paljon tavaraa, ne olivat kuitenkin suhteellisen hyvässä järjestyksessä. Hän itse ei ole kuitenkaan tyytyväinen tilanteeseen. Hänen mielestään hänellä on aivan liikaa kaikkea, hänen on vaikea luopua tavaroista. Ainut asia, josta hän on pystynyt joskus päästämään irti, on sellaiset kirjat, joita hän ei lue uudelleen. Askartelukirjoja hänellä oli edelleen paljon, koska niitä hän tarvitsee työssään. Uutta tavaraa hän ostaa oikeastaan pelkästään kirpputoreilta. Niillä kiertäminen on hänen harrastuksensa.

Kävimme myös naisen työhuoneella, jossa oli todella paljon kaikenlaista askartelumateriaalia. Kaikki oli sielläkin varastoitu loogisesti, mutta materiaalia oli melkoisesti. Nainen sanoi, että hän voisi järjestää kurssin mistä tahansa asiasta. Hänellä on materiaalia kaikkeen. Pitkään aikaan hän ei ole pystynyt luopumaan varastoon säilömistään materiaaleista, koska hän on ajatellut kuitenkin tarvitsevansa niitä joskus. Nykyään tilanne on jo toinen.

Nainen on myös ammattijärjestäjä. Hän halusi kurssille sen takia, että hän oppisi luopumaan tavaroistaan. Hänellä oli ja on halu myös auttaa vaivasta kärsiviä. Hän kokee, että hän on voinut auttaa muita "hamstereita". Se johtuu hänen mielestään siitä, että hän on hyvä löytämään konkreettisia ratkaisuja asioihin.

Hänen aviomiehensä purjehtii. Se on myös heidän koko perheensä yhteinen henkireikä. Edellisenä kesänä he olivat olleet koko porukka viisi viikkoa vesillä. Nainen sanoi sen olleen todella vapauttava kokemus. Veneessä ei voi olla mitään turhaa, kaikella on pakko olla oma paikkansa. Jos ei ole, arki ei suju. Hän haluaisi, että tavarat hänen kodissaan olisivat yhtä hyvässä järjestyksessä kuin veneessä.

Nainen toivoo, että jatkossa hän pystyisi olemaan jämäkämpi ja luopumaan joistakin turhista tavaroista. Hän on huomannut, että se on onnistunut jo hyvin sellaisten esimerkiksi lahjaksi saatujen tavaroiden kohdalla, joista hän ei pidä. Hän on pystynyt antamaan ne pois.

Nainen sanoi, että tapaamisemme oli hänelle hyvä muistutus siitä, mitä hänen kannattaisi tehdä. Hän kertoi, että hänet on myös herättänyt ajatus siitä, mitä muut ihmiset ajattelisivat, jos he joutuisivat hänen kuolemansa jälkeen siivoamaan hänen tavaroitaan (ns. kuolinsiivous). Nainen toivoo, että joku muu "hamsteri" voisi samaistua hänen tarinaansa ja sen avulla kokea, ettei ole yksin tämän ristiriitaisia tunteita herättävän ongelman kanssa.

7. Aikuinen nainen, jonka noin 60-vuotias äiti on ja äidin vanhemmat olivat hamstraajia

Naisen noin 60-vuotias äiti on sairaalloinen keräilijä, ja myös hänen isällään on keräilytaipumuksia. Äidin vanhemmat olivat molemmat kovia hamstraajia. Naisen äiti ei ole pystynyt luopumaan omien vanhempiensa "kokoelmista". Äidin isä oli ollut tuottelias kirjoittaja. Hän oli tehnyt mm. sukututkimusta. Hänellä oli myös kattavat sarjakuvalehti-, postimerkki- ja kolikkokokoelmat.

Vanhempien eron jälkeen äiti on asunut yksin isossa omakotitalossa, jossa on paljon tilaa. Sinne on ollut helppo säilöä mm. hänen isänsä tavaroita, joista hän ei ole malttanut luopua. Äidillä on myös lastensa kanssa yhteisomistuksessa oleva kesämökki, jonne hän on myös kerännyt tavaraa.

Tytärtä ärsyttää äidissään se, ettei hän pysty luopumaan turhista tavaroista. Äiti on vuosia luvannut selvittää tavaransa, mutta mitään konkreettista ei ole tapahtunut. Tytärtä harmittaa myös, ettei hänen äitinsä pysty tekemään päätöksiä. Heidän yhteisomistuksessa oleva mökki on hyvä esimerkki siitä, miten äidin kyvyttömyys päätöksiin haittaa muita. Nainen ja hänen veljensä haluaisivat viettää enemmän aikaa kesäparatiisissa, mutta pienessä mökissä ei ole kunnolla tilaa.

Äidillä itsellään on mökissä oma pieni huone, vieraille siellä ei ole kunnon majoitustiloja. Nyt suunnitteilla on rakentaa pieni lisärakennus ja tehdä järjestelyjä mökin huonejaoissa.

Esteenä on äidin muutosvastaisuus ja pelko siitä, että äiti täyttää myös uudisrakennuksen turhilla tavaroilla.

Nainen on paljon tekemisissä äitinsä kanssa. Äiti on hänelle tärkeä ihminen, mutta äiti saa hänet välillä raivoihinsa täydellisyytensä takia. Äiti tietää aina kaiken. Naisesta tuntuu siltä, ettei äiti luota häneen ja kohtelee häntä edelleen lapsena – ei tasavertaisena aikuisena.

Lapsuudesta hän muistaa kokeilemiseen kannustaneen äidin. Hän sai aina testata mm. kaikenlaisia askarteluideoitaan kotona. Sekä hän että hänen äitinsä ovat todella luovia ihmisiä. He ovat molemmat myös kokeilunhaluisia ja osaavia. Äiti hankki empimättä materiaaleja kaikkeen mahdolliseen, mitä tytär ehdotti.

Juttelimme paljon siitä, miksi ihminen ei pysty luopumaan tavaroista, vaikka haluaisi. Tulimme siihen tulokseen, että esimerkiksi hänen äitinsä kohdalla kyse on päättämättömyyden ja muutospelon lisäksi kyse myös tunteista. Hänellä liittyy ilmeisesti niin voimakkaita tunnesiteitä omaan isäänsä, ettei hän niiden takia kykene luopumaan isänsä keräämistä asioista.

Nainen sanoo, että hänen äitinsä hamstraaminen rasittaa muita perheenjäseniä. Käytännön asiat hankaloituvat sen takia. Heillä se tarkoittaa esimerkiksi yhteisomistuksessa olevalla mökillä olemista. Häntä harmittaa, että äiti on niin vahvasti kiinni menneisyydessä. Se tekee hänet myös surulliseksi. Nainen sanoo nuorten kanssa töitä tekevän äitinsä olevan positiivinen ihminen, joka huolehtii esimerkillisesti läheisistään.

8. Noin 40-vuotias perheellinen nainen, joka on eroamassa hamstraaja-miehestään

Noin 40-vuotiaalla naisella ja hänen miehellään on 11- ja 13-vuotiaat pojat. Mies ja miehen äiti ovat hamstraajia. Pariskunta on eroamassa. Hamstraus ei ollut eron ainut syy, mutta toki se siihen vaikutti. Nainen kun on taas tosi siisti ihminen. Hän sanoo aikanaan jopa olleensa siisteysnatsi, mutta parantuneensa siitä vaivasta. Vastakohdat eivät täydentäneet toisiaan.

Nainen on huolissaan poikiensa tilanteesta. Vaikka lapset rupeavat olemaan suurimman osan viikosta äidillään, he käyvät isälläänkin. Onko siellä kaaos? Naista mietityttää, karkaako miehen hamstraus käsistä, kun hän ei enää kontrolloi sitä. Hän pelkää myös, tarttuvatko heidän isänsä tavat poikiin. Vanhemmalla pojalla on jo hamstraustaipumuksia, nuoremmalla ei.

Miehen äiti on myös hamstraaja, isä taas ei. Mies naureskelee äidilleen. Hän ei kuitenkaan ymmärrä, kun vaimo sanoo hänen olevan äitinsä kaltainen. Naisen mielestä anoppi on parantanut pahaa oloaan ostamalla tavaraa. Appiukko on alkoholisti, mutta ei hamstraaja. Hän yritti aikanaan raivata vaimonsa tavaroita, mutta luovutti.

Miehen lapsuudenkoti oli pieni kaksio, joka oli täynnä äidin halvalla hankkimaa tavaraa. Anoppi ja appiukko nukkuivat olohuoneen lattialla patjalla, mies veljensä kanssa makuuhuoneessa kerrossängyssä. Anoppi asuu siellä edelleen, appiukko on hoitolaitoksessa saamansa sairauskohtauksen seurauksena. Nykyään asunto on aivan täynnä turhaa tavaraa. Keittiön nurkassa on säilössä mm. useampi toimimaton mikroaaltouuni ja pölynimuri.

Anoppi oli aikanaan töissä tavaratalossa, josta hän sai halvalla isoja eriä erilaisia tuotteita. Erityisen rakkaita hänelle olivat kemikaliotuotteitta. Hänellä on säästössä yli 20 vuotta vanhoja kuivahtaneita kynsilakkapulloja, joita hän ei halua heittää pois. Hän on myös ostanut halvalla varastoon erilaisia lahjaksi annettavia tuotteita. Lapsenlapset ovat viime aikoina saaneet isoäidiltään mm. sukkia, joiden paketeissa on näkynyt markkahinnat.

Koska anoppi on tällä hetkellä eläkkeellä, hänellä ei ole enää samanlaista mahdollisuutta hankkia halvalla tavaraa työpaikaltaan. Hän osallistuu kuitenkin usein erilaisiin arpajaisiin, joista hän yleensä aina voittaa jotain tavaraa. Hänen on erittäin vaikea luopua mistään. Hän on näön vuoksi yrittänyt myydä tavaroitaan kirpputorilla. Hän laittoi niille niin korkeat hinnat, ettei kukaan ostanut niitä. Sen seurauksena hän osti ne itse itselleen.

Naisen aviomies hamstraa erityisesti (kalastus)harrastukseensa liittyviä tuotteita. Hän ei pysty luopumaan ikivanhoista vaatteistaan (mm. rippipuku), jotka eivät mahdu enää hänen päälleen. Heidän kotinsa vaatehuone ei ole vaatehuonekäytössä, vaan se miehen tavaroiden varasto. Miehestä on mukava tehdä käsillä asioita, mutta hän ei saa käsitöitään valmiiksi. Asunto on täynnä keskeneräisiä puutöitä.

Nainen on heittänyt joskus salaa pois miehensä tavaroita. Siitä ei tietenkään ole seurannut mitään hyvää. Mies ei myönnä, että hänellä on ongelma. Hän on kuitenkin ollut tyytyväinen, että vaimo on pitänyt kodin siistinä. Nyt nainen on kuitenkin luovuttanut. Hän ei enää jaksa elää miehen kanssa, jolle tavarat ovat tärkeämpiä kuin perhe.

Kolme pettymystä

Minuun otti yllättäen vapaaehtoisesti keväällä 2018 kolme naista, jotka halusivat kertoa minulle tarinansa. Kaikki tapaamiset sujuivat mielestäni oikein hyvässä hengessä. Kirjoitin nopeasti luonnokset tapaamisten jälkeen, ja lähetin ne naisille.

Hän, jonka äiti ja äidin vanhemmat ovat hamstraaja, vastasi nopeasti. Noin 30-vuotias naimissa oleva kahden pienen lapsen äiti kirjoitti, että hän kokee tarinan liian henkilökohtaiseksi julkaistavaksi. Hän ei ollutkaan valmis siihen, vaikka hän oli luullut niin. Tulimme yhdessä siihen tulokseen, että syy oli hänen hankalassa äiti-suhteessaan. Hän ei ole koskaan kunnolla käsitellyt äitinsä kanssa mm. tämän hamstraamista. Nyt nainen pelkäsi, että jos äiti sattumalta lukisi tyttären kertoman tarinan, se vaikeuttaisi heidän suhdettaan entisestään. Ymmärsin hänen perustelunsa, mutta silti minua harmitti. Hänen tarinansa olisi auttanut monia.

Noin 50-vuotias eronnut nainen, jolla on kaksi täysi-ikäistä lasta ja jonka ex-mies oli ollut hamstraaja, ei lukuisista sähköpostipyynnöistäni huolimatta koskaan vastannut yhteenkään. Lopulta luovutin, ja jätin hänet ns. rauhaan. Ilmeisesti asia oli hänelle edelleen niin arka, että hän ei pystynyt vastaamaan minulle. Avioerosta oli aikaa jo 15 vuotta.

Noin 40-vuotias naimisissa oleva nainen, jolla on kolme ala-aste ikäistä lasta ja joka itse on hamstraaja, ei myöskään lukuisista kyselyistäni huolimatta koskaan vastannut minulle mitään. Nyt minua hiukan pelottaa, että hänen vaivansa on pahentunut tapaamisemme jälkeen. Tapaamisessa juttelimme mm. siitä, mikä voisi auttaa naista pääsemään raivaamisen alkuun. Hän ei ole koskaan hakenut apua vaivaansa. Ehdotin hänelle ammattijärjestäjän kutsumista paikan päälle tekemään tilannearvion. Hänestä se voisi olla hyvä vaihtoehto. Tosin hän epäili, ettei hänellä olisi rahaa siihen. Ehdotin myös koko perheen yhteistä ryhdistäytymistä ja siivoussääntöjen luomista. Hän innostui varovasti ajatuksesta.

Havaintoja

Melkein kaikille haastattelemilleni naisille asiasta puhuminen oli hankalaa. Silti he kaikki kertoivat minulle todella avoimesti asioistaan.

Eläkeläisnaisen oli helpoin kertoa vaikeasta asiasta, koska tapahtuneesta oli jo kulunut aikaa. Sitä helpotti myös se, että hän ei puhunut omasta ongelmastaan, vaan entisen miehensä. Toki ongelma oli myös hänen.

Leskirouvalle asia oli kaikista kipein. Hän ei ollut saanut kunnolla käsiteltyä yli 10 vuotta sitten tapahtunutta perinnönjaon tuomaa pettymystä. Asiaa hankaloitti myös miehen sairaus ja kuolema. Nyt hän tuntui olevan valmis kohtaamaan asiat.

Sinkkunainen oli ns. sinut ongelmansa kanssa. Vaikka hän oli saanut ammattiapua, hän ei ollut silti pystynyt raivaamaan kotiaan. Pikkusiskolle syntyvä lapsi tuntui kuitenkin saavan hänessä muutoksen liikkeelle.

Perheellinen noin 40-vuotias nainen, joka on itse hamstraaja, oli erittäin tarkka siitä, mitä sain tapaamisestamme kirjoittaa. Valitettavasti minun mielestäni moni tärkeä asia jäi nyt kertomatta. Hän koki niistä kertomisen loukkaavana.

Aikuinen nainen, jonka noin 60-vuotias äiti on ja äidin vanhemmat oli hamstraajia, kertoi äidin sairauden vaikeuttaneen koko perheen elämää. Äiti ei ole itse tajunnut olevansa suuri ongelma muille. Tulevaisuuden tavoite perheellä onkin saada äidissä edes pieni muutos aikaiseksi. Toivon, että se onnistuu.

Nainen, jonka tuleva ex-mies on hamstraaja, oli ilmeisesti käsitellyt asiaa jo riittävästi. Nyt hän oli haasteista huolimatta valmis katsomaan eteenpäin. Uskon, että avioero tuo toivotun muutoksen hänen ja lasten elämään.

Eläkeläispariskunnan siistiä naista miehen kotiin keräämä tavara tuntui vaivaavan melkoisesti. Nyt he tekivät hyvässä hengessä suunnitelmia turhien tavaroiden hävittämiseksi. Oli mukava kuunnella, miten mieskin varovasti innostui asiasta. Olen jälkikäteen kuullut, että he ovat oikeasti saaneet hyvässä yhteishengessä raivattua melkoisesti tavaraa kodistaan.

Kirjeen minulle lähettänyt mies jäi minulle luonnollisesti kaikista etäisimmäksi. Arvostan kuitenkin kovasti sitä, että hän lähestyi minua. Toivon, että hän joskus ottaa yhteyttä minuun tai johonkin ammattiauttajaan. Serkku on luvannut olla miehen tukena, jos hän oikeasti haluaa joskus apua ongelmaansa.

Haastattelut tehtyäni tajusin, että monille hamstraajille oli todella vaikeaa saada sovittua asioita. Joidenkin haastattelemieni henkilöiden kanssa kesti esimerkiksi pitkään ennen kuin tapaamisaika oli saatu sovittua. Joskus haastateltava halusi myös siirtää sovittua aikaa eteenpäin. Vaikka he olivat itse halunneet tavata minut, kohtaaminen tuntui heistä ilmeisesti kuitenkin vaikealta.

Kun lähetin heille pian tapaamisemme jälkeen luonnoksen keskustelustamme, monilla kesti myös erittäin pitkään kommentoida sitä. Jouduin yleensä kyselemään kommentteja useamman kerran. Yritin toki olla kysymättä niitä "heti". Kun oli kulunut pari viikkoa, lähetin yleensä ensimmäisen tiedustelun. Seuraavan lähettämisessä odotin toiset kaksi. Valitettavasti en koskaan saanut vastausta kahdelta haastattelemaltani henkilöltä.

Kun sitten sain ne, monet halusivat muuttaa aika paljon tekstiä. He olivat pelästyneet puheensa suoruutta. Sitten alkoikin uusi pitkällinen kierros, kun tein muutokset ja odotin heidän kommenttejaan niistä. Yleensä sain ne ns. viime tipassa. Eräskin lupasi itse olla minuun yhteydessä kuun loppuun mennessä. Hän oli lähettänyt minulle sähköpostin keskiyöllä kuun vaihtuessa.

Minä opin prosessin aikana todella paljon myös itsestäni. Minusta tuli mm. entistä pitkäpinnaisempi ja kärsivällisempi. Tajusin, että minun hätistelyni ei nopeuta haastattelemani henkilön omaa prosessia. Jos he eivät olleet valmiita käsittelemään kirjoittamaani tarinaa heistä itsestään, en voinut tehdä sitä heidän puolestaan. Eri ihmisillä on erilainen käsittelyaika asioille. Toivonkin, että ne kaksi naista, jotka eivät ole kommentoineet luonnoksiani, ottaisivat minuun yhteyttä. Vaikka heidän tarinansa eivät päätyneetkään kirjaan, haluaisin silti kuulla heidän kommenttinsa tekstistäni ja kuulla, mitä heille kuuluu.

Tapaamisten jälkeen tajusin todella konkreettisesti, että pakkokeräily on tavallaan eräänlainen "virtahepo olohuoneessa". Tommy Hellsten puhuu alkoholismista virtahepona. Kaikki ns. tietävät asian, mutta kukaan ei tunnusta ainakaan itse kärsivänsä siitä. Minusta hoardaus on tällä hetkellä samanlainen vaiettu tauti niin kuin alkoholismikin, josta voi parantua vain tunnustamalla sen.

Tauti on nyt vihdoin tehtävä näkyväksi Suomessakin ilman salaperäisyyksiä ja sensaatiohakuisuutta. Sairaalloiset hamstraajat tarvitset kipeästi apua. Me kaikki voimme auttaa heitä. Jos pakkokeräilijä haluaa avautua sinulle, älä tuomitse häntä. Kuuntele avoimin mielin, mitä hänellä on kerrottavanaan. Jos hän pyytää apuasi, ole varovainen sanoissa. Se voi olla vaikeaa, jos olet hänen läheisensä. Älä kuitenkaan tuomitse häntä tai vähättele hänen ongelmaansa. Yritä keksiä hänen kanssaan sopivia ratkaisuja hänen ongelmaansa. Jos hän on valmis terapiaan, tue häntä.

En ole hamstraajien ammattiauttaja, mutta silti haastattelemat pakkokeräilijät kertoivat minulle tilanteistaan ja tunteistaan todella avoimesti. Väitän, että se johtui pelkästään siitä, että kuuntelin heidän elämäntarinoitaan arvostavasti. En vähätellyt heitä tai heidän toimintaansa.

Jos olet epätoivoinen, etkä keksi mitään keinoa päästä eteenpäin, ota minuun yhteyttä (050 559 2800 & akponteva@gmail.com). Autan Sinua auttamaan itseäsi tai läheistäsi pääsemään asioissa eteenpäin.

Extrat

Lukukokemus

Luin "pahaa aavistamatta" menestyskirjailija Liane Moriartyn Tavalliset pikku pihajuhlat -kirjan. Kirjassa aikuinen Erika-tytär kertoo vanhan Sylvia-äitinsä pakkokeräilystä mm. näin:

Erikalle jokainen roju edusti valintaa, jossa äiti oli pannut tavaransa Erikan edelle. Äiti rakasti umpimähkäisiä, paskaisia romuja enemmän kuin tytärtään. (s.196)

Vuosia sitten Erika oli vielä toivonut paranemista. Jos hän saisi äidin hakemaan ammattiapua. Oli olemassa lääkkeitä. Oli kognitiivista käyttäytymisterapiaa. Keskusteluterapiaa. Jos Sylvia vain suostuisi puhumaan jonkun kanssa siitä päivästä, jolloin Erikan isän lähtö oli laukaissut piilevän hulluuden. Sylvia oli aina ollut pakonomainen shoppailija, viehättävä kaunis hupsu persoona, erikoinen ihminen, bilettäjä, mutta hän oli pysynyt hulluuden rajan paremmalla puolella, kunnes oli lukenut jääkaapin ovesta Erikan isän jättämän kaksisanaisen viestin: Anteeksi, Sylvia. Ei viittaustakaan Erikaan. Isä ei ollut pitänyt Erikaa erityisen tärkeänä. Ja silloin se oli alkanut. Samana päivänä Sylvia oli lähtenyt shoppailemaan ja tullut kotiin kassikuorma mukanaan. Jouluun mennessä purppurakukkainen matto oli kadonnut ensimmäisen tavarakerroksen alle, eikä Erika ollut nähnyt sitä sen jälkeen. Joskus hän huomasi pienen kaistaleen terälehteä, ja se tuntui siltä kuin olisi törmännyt muinaismuistoon. Ajatella, että hän oli joskus asunut tavallisessa talossa.

Mutta nyt Erika oli alistunut siihen, että parannuskeinoa ei ollut. Tilanne päättyisi vasta sitten, kun Sylvia kuolisi. Sitä ennen Erika jatkaisi taistelua oireita vastaan. (s. 198)

"Tiedän, että minulla on ongelma, Erika, luuletko, etten ole selvillä siitä? En ole tyhmä. Luuletko, että en haluaisi isompaa ja mukavampaa taloa, jossa on tarpeeksi säilytystilaa ja kaappeja ja muuta niin, että saisin kaiken hallintaan? Jos isäsi ei olisi häipynyt, olisin ollut täällä kaiket päivät ja hoitanut kotia niin kuin se sinun hienon ystäväsi äiti." (s. 201)

"Olimme vuoden ilman lämmintä vettä", Erika sanoi. "Emme siksi että siihen ei ollut varaa vaan sen takia, että sinua hävetti etkä kehdannut päästää ketään korjaamaan lämminvesivaraajaa."

"Minua ei hävettänyt!", äiti karjui niin, että kaulajänteet nousivat koholle ja naama muuttui tulipunaiseksi.

"Olisi pitänyt", Erika sanoi rauhallisesti. (s. 202)

"Meillä oli rottia", Erika sanoi. "Kukaan ei ollut kiinnostunut lattialistojen kiillosta."

"Rottia?", äiti sanoi. "Älä nyt viitsi. Meillä ei ole koskaan ollut rottia. Ehkä hiiri. Suloinen pieni hiiri."

Heillä oli rottia. Tai ainakin jotakin jyrsijöitä. Kun ne kuolivat, löyhkä oli kamala, sietämätön, mutta raatoa ei löytynyt huoneet täyttävästä tavararöykkiöstä. Heidän ei auttanut muu kuin odottaa hajun hiipumista. Lemu kohosi ensin

huippunsa ja katosi lopulta. Paitsi ettei kadonnut koko-
naan. Löyhkä imeytyi Erikaan. (s. 203).

Kirjan tarina oli raadollinen kuvaus siitä, mitä pakkokeräily
voi pahimmillaan aiheuttaa.

Erilaisia kohtaamisia

Kun olen kertonut suurin piirtein kenelle tahansa, mistä
kirjoitan kirjaa, he ovat ruvenneet kertomaan läheisestään
tai tutustaan tai sukulaisestaan, jolla ongelma on. Kukaan ei
ole itse sanonut kärsivänsä vaivasta.

Kaikki, joiden perheenjäsen on pakkokeräilijä, ovat sano-
neet, että se on jollain tavalla pilannut heidän elämänsä. He
eivät ole voineet elää normaalia elämää ongelman takia.
Joko he ovat joutuneet salaamaan sen tai sitten se on han-
kaloittanut heidän elämäänsä siinä määrin, että siitä on seu-
rannut uusia ongelmia.

Tuntemattoman kanssa italialaisessa gelateriassa

Eräs eläkeikäinen italialainen nainen kertoi minulle, että
hänen amerikkalaisen aviomiehensä pakkokeräilyongelma
lisääntyi miehen jäätyä eläkkeelle. Nyt heidän kotinsa on
niin täynnä tavaraa, että siellä on vain kapeat käytävät kul-
kuväylinä. Nainen sanoi, että jos hän ei koko ajan siivoasi,
kodissa olisi täysi kaaos.

Mies piilottaa esimerkiksi syömänsä jukurttipurkin likaisena sänkynsä alle. Nainen tietää jo miehen piilot, joten pahaa ongelmaa ei pääse syntymään. Kun tapasin naisen, hän oli ollut viikon poissa kotoaan lomailemassa ystävättärensä kanssa. Hän oli peloissaan siitä, millaisessa kunnossa koti olisi hänen palatessa sinne.

Kun hän kertoi asiasta italialaisessa gelateriassa jäätelön syönnin lomassa minulle, täysin vieraalle ihmiselle, hänelle tuli kyyneleet silmiin. Hän sanoi itse sairastuneensa aviomiehensä ongelman takia. En tiedä, mitä hän konkreettisesti tarkoitti. Hänen pitkäaikainen amerikkalainen ystävättärensä nyökytti päätään vakavan näköisenä.

Kadulla entisen työkaverin kanssa

Kohtasin sattumalta pitkästä aikaa eläkkeellä olevan työkaverini. Hän kertoi harmistuneena, että hänen aikuiset perheelliset lapsensa tuovat lapsuudenkotiinsa säästöön tavaraa. He eivät pysty luopumaan niistä. Koska työkaverini kodissa on tilaa ja hänen tyttäriensä kodeissa ei, he tuovat ne vanhempiensa hoteisiin. He kuvittelevat tarvitsevansa niitä joskus. Nainen kertoi, että heidän talonsa on aivan täynnä tavaraa, jota hän ei ole sinne halunnut. Asia harmitti häntä tavatessamme aivan erityisesti, koska heillä tehtiin remonttia. Turha tavara teki sen hankalaksi.

Vanhan tutun kanssa kahvilassa

Tapasin pitkästä aikaa amerikkalaisen noin 60-vuotiaan ystävättäreni. Puhuttiin kaikkea maan ja taivaan väliltä - myös sairaalloisesta hamstrauksesta. Hän kertoi hänen aviomiehensä äidin olevan pakkokeräilijä. En ollut tiennyt. Kun nainen oli ensimmäisen kerran nähnyt tulevan miehensä lapsuudenkodin, hän oli sanonut silloiselle poikaystävälleen, että tänne ei sitten koskaan tulla meidän mahdollisten lasten kanssa. Eivätkä he ole menneet.

Miehen opettaja-äiti elää edelleen. Hän näyttää ulospäin ihan normaalilta. Kauheus paljastuu, kun astuu hänen kotiinsa. Autotalliin ei auto mahdu ja kun sen oven avaa, ensimmäiseksi sieltä ryntää hiirilauma. Naisen siisti sveitsiläinen aviomies jätti aikoja sitten vaimonsa, koska hän ei kestänyt kaaosta. Ystävättäreni lääkäri-aviomies on huolissaan vanhasta äidistään, mutta ei häntä voi auttaa. Poika on yrittänyt vuosien varrella kaikenlaista, mutta tehtävä on mahdoton.

Kuntosalilla

Juttelin kuntosalilla hehkeän noin 50-vuotiaan naispoliisin kanssa. Juttelemme aina lämmittelyn lomassa kaikenlaista. Kerran juttu ajautui keskusteluun meille tärkeistä tavaroista. Sanoin, että hänelle taitaa olla tällä hetkellä puhelimet tosi tärkeä asia. Hänellä on niitä kaksi. Kysyin, onko hän koskaan kuullut KonMari-metodista eli että hän säästäisi vain ne tavarat, jotka tuottavat iloa. Hän ei tiennyt mitään siitä. Hetken hän tutki asiaa älypuhelimellaan netistä ja sanoi sitten pitävänsä ajatusta vaikeana. Miten hän voisi varmasti tietää, mitkä tavarat tuottavat hänelle iloa. Ehkä joku tekee sen tänään, joku toinen huomenna. Hän sanoi, ettei pystyisi noudattamaan menetelmää.

Kysyin, onko hänellä muitakin tavaroita kaksin kappalein. Hän kertoi, että monia tavaroita hänellä on paljon useampia kuin vain kaksi. Kun hän ostaa esimerkiksi uuden kattilan vanhan pilalle menneen tilalle, hän ei pysty heittämään vanhaa pois. Hän ajattelee, että ehkä sitä voisi kuitenkin jotenkin käyttää.

Ehdotin hänelle, että voisiko hän antaa sen hyväntekeväisyyteen. Silloin se menisi jollekin sellaiselle ihmiselle, joka voisi kunnostaa sen itselleen. Ehdotin myös kierrätystä. Niitä ideoita hän sanoi pystyvänsä harkitsemaan. Hän kertoi hänen äitinsä olevan samanlainen "keräilijä".

Kun seuraavan kerran tapasimme, hän sanoi heti minulle: "*Älä vain kysy mitään siitä kattilasta.*" En ole sen jälkeen "ahdistellut" häntä asialla. Harmittavaa, ettei hän pystynyt luopumaan siitä. Onneksi hän ei ole kuitenkaan ruvennut välttelemään minua. Puhumme edelleen muista meille molemmille tärkeistä asioista.

Ystävättäreni kanssa

Ystävättäreni kävi pitkästä aikaa vanhan tätinsä kotona ja kauhistui. Hän muisti entuudestaan, että naisen talo on täynnä tavaraa. Nyt se oli, jos mahdollista, vielä täydempi. Missään ei ollut tyhjää laskutilaa. Näytti siltä, että vanhus ei ollut heittänyt ystävättäreni edellisen noin kymmenen vuoden takaisen käynnin jälkeen mitään pois.

Täti on aika ajoin yrittänyt ryhdistäytyä. Hän on jopa pyytänyt ystävättäreni hakemaan häneltä jotain tavaroita, jotka täti on halunnut ystävättärelleni antaa. Kaikki retket ovat päättyneet samalla tavalla. Kun hän on ollut ojentamassa ystävättärelleni kassia, jossa on ollut ne tavarat, joista hän on ajatellut luopua, hän on halunnut käydä ne vielä kerran läpi. Jokaisen tavaran kohdalla hän on tullut siihen tulokseen, ettei hän sittenkään antaa niitä. Kaikkiin on liittynyt joku niin merkittävä syy, että hän ei ole mitenkään voinut luopua niistä. Ystävättäreni on ollut täysin kädetön tekemään tilanteessa yhtään mitään. Hän on vain poistunut voipuneena paikalta.

Ohimennen tutun kanssa

Noin 75-vuotias tuttuni on "innostunut" kuolinsiivouksesta (dödstädning). Se on ruotsalaisen Margareta Magnussonin käyttämä termi. Se tarkoittaa sitä, että ihminen käy läpi tavaransa elinaikanaan. Silloin ne eivät jää perillisten hoidettavaksi. Magnussonin mukaan kuolinsiivouksen voi aloittaa vaikka kuinka nuorena. Hänen viestinsä on, että ihmisen täytyy kantaa vastuu tavaroistaan elinaikanaan. Jos sitä ei tee, ne jäävät jonkun muun vaivaksi. Kuolinsiivous ei ole mitenkään pelottava, vaan aivan luonnollinen asia. Ihmiset ovat oikeastaan aina tehneet sitä, mutta nyt ruotsalaiset ovat tuotteistaneet asian ja antaneet sille nimen.

Tuttuni ikätoverille on kertynyt paljon tavaraa, josta hänen on vaikea luopua. Hän pääsi "kuolinsiivouksen" alkuun, kun hän pyysi vanhoihin tavaroihin erikoistuneen antikvariaatin asiantuntijan käymään kotonaan. Hän tunsi silloin päässeensä eroon "aarteistaan" henkisesti, mikä oli hänen kohdallaan vaikein asia. Konkreettista tavaroiden lajittelua ja karsimista hän piti huomattavasti helpompana.

Vanhan koulukaverini kanssa

Tapasin sattumalta 30 vuoden jälkeen vanhan koulukaverini. Emme olleet nähneet ylioppilaskirjoitusten jälkeen. Vaihdettiin kuulumisia. Kun hän kuuli, mistä kirjoitan kirjaa, hän sanoi vihdoinkin voivansa kertoa minulle "kaiken". Häntä oli aina vaivannut, koska ei ollut voinut pyytää minua lapsena kotiinsa. Se oli ollut niin kauheassa kunnossa, että se oli ollut täysin mahdoton ajatus. Hän kertoi nyt jo edesmenneen äitinsä kieltäneen kaikki kyläilyt, koska äitiä hävetti kodin kaaos niin paljon.

Äiti oli myöhemmin sanonut luokkakaverilleni, että hän oli luovuttanut siivoamisen suhteen. Hän ei pystynyt aloittamaan sitä. Se tuntui mahdottomalta tehtävältä, koska hän halusi tehdä sen täydellisesti. Koska se ei onnistunut, tuntui helpommalta jättää tekemättä se kokonaan. Asunnossa ei ollut tyhjää lattiapintaa, koska kaikki paikat olivat täynnä tavaraa. Ruokaa ei voinut laittaa, koska keittiö oli täynnä kaikkea sälää.

Eläkkeellä olleessaan äiti söi kotona lähinnä leipää ja jukurttia. Kun luokkakaverini meni lastensa kanssa äitinsä luokse kylään, äiti tyhjensi keittiönpöydän äärestä yhden paikan. Siinä he sitten istuivat vuorotellen ja söivät äidin tarjoaman aterian.

Luokkakaverini sanoo, että hänen äitinsä koko elämä meni "siivoamiseen". Suuri osa hänen päivästään kului tavaroiden siirtelyyn. Hänen piti mm. herätä kaksi tuntia normaalia aikaisemmin, jos hän halusi käydä suihkussa. Ensin piti siirtää kaikki tavarat suihkutilasta pois ennen kuin sinne pystyi menemään.

Tutun isännöitsijän kanssa

Kysyin tutulta isännöitsijältä, onko hän koskaan törmännyt tavaraa täynnä oleviin asuntoihin uransa aikana. Hän katsoi minua todella surullisesti ja huokaisi. Hän kertoi, että erityisesti putkiremonttien aikaan taloyhtiössä paljastuu kaikenlaista yllättävää. Kun asunto pitää tyhjentää remontin takia, se saattaa olla joillekin mahdoton tehtävä.

Pysäyttävin näky hänen mielestään on ollut kahden vanhuksen koti. Se oli ollut mm. niin täynnä sanomalehtiä, ettei asunnossa ollut kuin kapeat käytävät liikkumista varten. Vanha pariskunta makasi makuuhuoneen sängyssä ja katsoi televisiota. Kaikki muut huoneet olivat täynnä kaikenlaista tavaraa. Keittiössä ei voinut laittaa ruokaa, eikä suihkussa käydä.

Pahinta isännöitsijän mielestä oli kuitenkin haju. Se lähti käytetyistä vaipoista ja virtsaa täynnä olevasta sangosta. Pariskunta oli myös sairaalloisen säästäväinen. He saivat ilmaiseksi terveyskeskuksesta vaipat. Niitä laskettiin kuluvan kolme päivässä. He kuitenkin säästivät yhteiskunnan omaisuutta, ja vaihtoivat yhden vaipan vain joka toinen päivä. Heillä oli niitä säästössä todella paljon. Kun he kävivät pissalla, he tekivät tarpeensa sankoon, eivät vessanpönttöön. He halusivat säästää vettä. He eivät myöskään juuri syöneet, koska he säästivät. Kyse ei ollut rahasta, vaan periaatteesta. Heillä olisi ollut rahaa ostaa mm. ruokaa, mutta heidän mielestä se oli turhaa

Lähteet

Alasentie, Elina (2013) Askel edelle kiirettä ja kaaosta. omakustanne, Helsinki.

Ayers, Catherine ja Espejo, Emmanuel (2011) Helping Patients with Compulsive Hoarding. The Journal of Science Communication, July 2011, Vol. 18, No.7.

Boven, Leaf Van (2005) Experientialism, Materialism, and the Pursuit of Happiness. Review of General Psychology 2005, Vol 9, No. 2, 132-142.

Foa, Edna ja Wilson, Reid (2015) Kerrasta poikki: vapaaksi pakko-oireista ja rituaaleista. Lyhytterapiainstituutti oy, Helsinki.

Fromm, Erich (1976) To have or to be? Harper & Row., New York.

Frost, Randy ja Steketee, Gail (2010) Stuff. Compulsive Hoarding and the Meaning of Things. Houghton Mifflin Harcourt Publishing Company, New York.

Huttunen, Matti (2015) Keräilypakko. Duodecim 131:1340-1344.

Kolberg, Judith (2009) What Every Professional Organizer Needs to Know About Hoarding. Squall Press, Decatur.

Kondo, Marie (2015) KonMari - Siivouksen mullistava taika. Bazar. Helsinki.

Magnusson, Margareta (2017) Dödstädning – ingen sorlig historia. Albert Bonnier Förslag.

Magnusson, Margareta (2018) Mitä jälkeen jää – taito tehdä kuolinsiivous. Tammi.

Moriarty, Liane (2017) Tavalliset pikku pihajuhlat. Wsoy. Helsinki.

Sharp, Katie (2012). A Review of Acceptance and Commitment Therapy with Anxiety Disorders. International Journal of Psychology and Psychological Therapy. Volume 12 (3), October 2012, pp. 359-372.

Tolin, David; Meunier Suzanne.; Frost Randy; Steketee Gail (2010) Course of compulsive hoarding and its relationship to life events. Depress Anxiety 2010, Sep 27 (9): 829-38.

Tolin, David; Frost Randy; Steketee Gail (2014) Keräilypakko – Aarteidensa vankeina. Prometheus kustannus Oy, Espoo.

Tompkins, Michael (2011). Working with families of people who hoard: A harm reduction approach. Journal of Clinical Psychology, 67(5), 497-506.

Twohig, Michael (2008) The Application of Acceptance and Commitment Therapy of Obsessive-Compulsive Disorder. Cognitive and Behavioral Practice 16 (1), 18-28.

Twohig, Michael; Morrison, Kate; Bluet, Ellen (2014) Acceptance and Commitment Therapy for Obsessive Compulsive Disorder and Obsessive Compulsive Spectrum Disorders: A Review. Journal of Applied Statistics 10(4), November 2014, pp. 296-307.

te Velde-Luoma, Anne (2010) Kaaoksen kesyttäjä. BTJ Finland, Helsinki.

te Velde-Luoma, Anne (2015) Ammattijärjestäjä-kurssin kurssimateriaali.

http://www.valvira.fi/ymparistoterveys/terveydensuojelu/asumisterveys/asuntojen_siivottomuus